我们的科技小院，
我们的成长，我们的故事……

我和科技小院的故事

（第二辑）

陈延玲　等著

中国农业大学出版社
·北京·

内容简介

本书继《我和科技小院的故事》后再一次讲述了中国农业大学27名研究生驻扎河北曲周、吉林梨树、黑龙江建三江和广东徐闻等地科技小院开展科学研究和服务“三农”的故事，全景展示了驻扎科技小院的研究生们在农业生产一线的点点滴滴和所见、所闻、所系、所想。

河北曲周、吉林梨树、黑龙江建三江和广东徐闻分别代表了不同生产规模和生态类型的四个高产高效农业技术研究示范基地，在这里开展有关科研工作对于推动中国农业发展具有重要意义。一批又一批青年学子深入农村生产一线进行农业生产实践，很好的诠释了中国农业大学“解民生之多艰，育天下之英才”的校训。

图书在版编目(CIP)数据

我和科技小院的故事(第二辑)/陈延玲等著. —北京：中国农业大学出版社，2014.7

ISBN 978-7-5655-0983-4

Ⅰ.①我… Ⅱ.①陈… Ⅲ.①中国农业大学-研究生-社会实践 Ⅳ.①G643

中国版本图书馆CIP数据核字(2014)第112189号

书　　名　我和科技小院的故事(第二辑)

作　　者　陈延玲等　著

责任编辑　何志勇　　**封面设计**　郑　川

责任校对　王晓凤　陈　莹

出版发行　中国农业大学出版社

社　　址　北京市海淀区圆明园西路2号　　**邮政编码**　100193

电　　话　发行部 010-62818525,8625　　读者服务部 010-62732336

编辑部 010-62732617,2618　　出　版　部 010-62733440

网　　址　http://www.cau.edu.cn/caup　　**e-mail** cbsszs@cau.edu.cn

经　　销　新华书店

印　　刷　涿州市星河印刷有限公司

版　　次　2014年6月第1版　2014年6月第1次印刷

规　　格　787×980　16开本　13.75印张　200千字　彩插1

定　　价　46.00元

序

这是"科技小院"学生们自己的故事，是由一群揣着理想、怀着与生俱来的天真，在全社会都往城里跑的时候他们却从北京下到全国最落后的农村，在河北曲周、吉林梨树、黑龙江建三江和广东徐闻等"科技小院"开展科技创新和服务"三农"的感人故事。

自2007年以来，中国农业大学资源与环境学院高产高效研究（双高）团队相继派出10余名教师和60余名研究生，深入基层农村，依托当地政府、农技推广机构及农业企业等，建立了"双高"现代农业研究基地。为了长期稳定开展工作并贴近农村和农民，在村里建立了"科技小院"。师生们长期驻守科技小院，在开展科学研究同时，帮助农民解决生产问题，通过开办农民田间学校、参与农业技术服务、举办中小学支教等活动，切身感受"三农"实况，培养对"三农"的感情，激发服务"三农"的责任感和从事农业科研的使命感，磨练意志，塑造正确的人生观。这些工作不但有力地推动了当地高产高效技术的集成创新与示范推广，也极大促进了当地农村社会生活面貌与生产经营方式的变革。

同学们用他们的眼睛观察农民、农村、农业，用他们的热情、智慧与汗水去服务农民，在这过程中重新认识自我、体会人生、认识社会，并寻找实现自我价值的道路。

这本书就是这群研究生们讲述他们在"科技小院"开展科技创新和

服务“三农”的感人故事。他们把论文写在祖国的大地上，以实际行动把农大学子的青春之花绽放在祖国三农最需要的地方，以自身经历在实现中国梦的伟大实践中书写别样精彩的人生！

我们相信，这些并非优美却包含深情的文字，将激励更多的同学投身农业生产一线，勇于实践，奉献社会。

2014.6.6

目　录

从北方到南方，从小农业到大农业，从粮食作物到经济作物，从小农户到大农场……四年来，“科技小院”在河北曲周、黑龙江农场、吉林梨树、广东徐闻、广西南宁遍地开花，“高产高效”创建活动的覆盖面积、作物种类、服务对象正在不断延伸，社会影响、服务成效也日益显现。与此同时，依托“科技小院”培养专业学位研究生模式也取得了实效。2013年，以“科技小院”为依托培养研究生模式的探索，作为“农科应用型研究生培养模式改革与实践”课题，获得北京市高等教育教学成果奖一等奖。

——2014年1月8日，《中国教育报》长篇通讯《“科技小院”里的研究生——中国农业大学专业学位研究生培养纪实》

那些值得珍藏的记忆

王令德

2013年，我有幸成为了中国农业大学的一名专业硕士学位的研究生，4月份我还未毕业就提前来到了北京，开始了我在北京的研究生生活。

初识科技小院

2012年4月20日—22日“第二届 Marschner 教授纪念会暨学术讨论会”在北京召开，这是一次友谊的盛会。会后参观，与会代表们经过近五个多小时的车程到达了参观的目的地——曲周，当时我心中还有疑惑，一群老外来这个地方做什么？后来我才得到了答案。虽然我已忘记了第一次迈进白寨科技小院时的感受，当时看到了一种不同于以往的研究生培养模式，心中难免震撼。虽然自己也不知道会加入到这个团队当中，但是看到院子里桌子上摆放的厚厚的工作日志、活动画册等，自己拿过一本翻看，着实感到了一种“沉重”。面对满院子的来访者，师兄师姐们指着展板给大家激情澎湃地介绍科技小院工作那种自信满满的样子，让我心中更是无比的羡慕和钦佩。一会儿我们就离开了白寨科技小院来到了位于范李庄的“三八”科技小院，还未进院子就在外面听到了大喇叭的声音，走入院中看到了一群正在跳舞的大娘大婶们，她们的脸上洋溢着幸福的微笑，舞姿婀娜，前面有一位年轻的姑娘带领着，后来才知道这一位也是我们的研究生师姐，很快，老外们也被拉入了跳舞的队伍当中，当然也有我们一些老师，看到这些感觉平日里一脸凝重的教授们拿着舞扇跟着妇女们跳舞的情景，让人觉得特别搞笑，尤其是教授们的舞姿，形态各异，引起参观人群一次次的轰动，整个院子里充满了欢歌笑语，第一次感受到农村妇女那种真实流露出的幸福感。这也是科技小院的魅力。

随后来到了帮农民种果树的槐桥科技小院，这个村种植着大片的果树，一进科技小院，每个人就收到了一个大大的苹果，而当我想上前去拿苹果的时候，却被我的老师拽住了，他告诉我让我好好听一下科技小院的介绍，说不定我就待在这个小院里了，当时一听到这个消息，我立马跑到展板前去听讲了，虽然错过了那个美味的苹果，但是我收获了更有价值的信息。

这些都是我第一次到科技小院的所见所闻，因为我从小在农村长大，这里和我的家乡差不多，唯一不同的是这里是一望无际的平原，我家里是绵延的丘陵，所以我对这里没有感到太多的新奇，更多的是感受到这个地方师兄师姐所做的那些事情，所发生的那一个个感人的故事。

我的第一篇工作日志

2012 年 5 月 24 日，在学校进行毕业论文写作的时候，我被老师指派到河北曲周协助师兄进行调研，我、冯颖和张杰同学在接到通知的第二天就坐车赶到了曲周，这是我第一次做火车转汽车来到曲周。到科技小院放下背包，我们马上就进入到了问卷调研前的培训当中，只记得当时有些累，师兄在那里讲，自己就坐在那里听，一个晚上就这样糊里糊涂度过了。第二天我们就进入到了预调研的工作当中，问农民问题，让农民回答，看着简单却暗藏着很多技巧，同一个问题不同的问法就可能会得到不一样的答案，这是社会调查的一个弊端，要对调研员进行规范标准的培训。

调研工作虽然不是下地干活，但是一天下来也累得口干舌燥、头晕眼花，回到科技小院还要及时做问卷的批改，以便及时查缺补漏。整理完已累得够呛，本以为一天的工作结束了，谁曾想师兄说要写个日志，今天就先让我写一篇。这可是最令我头疼的一件事,自打上学记事时最发愁的一门课就是作文课,我以为高考以后再也不用写作文了,可是现在,我又得写了。于是我向师兄要了一个他写的范本,经过一番苦思冥想,我的工作日志写完了,字数不是很多,发给师兄一看,立马给否了,“写得太口语化了,到处都是我、我们”。师兄细心地边给我边改边教我,改完一小段就又退还给我自己来写,自己又抓紧匆匆忙忙地改了一下又发给了师兄。也许是时间太晚了,也许是师兄也感到无语了,也许是改的差不多了,师兄也没有再给我打回来,就这样,我的第一篇日志完成了。由于当时不知道珍藏起来,原版的也忘了是什么样子的了,但是这算是一个开始吧,在科技小院待了一年多了,写的工作日志也有一百多篇了,细细读来那都是一笔笔的财富,虽然文笔进展不是很大,但是还是得到了一定的训练,有了一定的进步。

我的第二个家

记得第一次到科技小院的时候,我就不停地从师兄师姐口中听到“玉山”这个名字,当时不免疑惑这个人是谁?此外还有门口的合影上面和核心示范方的一些展板上也都能发现玉山的身影。初见玉山时,我才发现他是一位普普通通的农民,40 多岁,穿的不讲究,操着一口浓重的地方音,说话速度极快,当时他说的话我是一句也想不起来了,因为当时就没听懂。从我的角度来看,他是一个父辈级的人,应该喊叔的,可是大家都喊玉山,当时好长一段时间没有直接喊,主要是打交道比较少。可是随着时间的推延、交往增加就逐渐熟悉起来,最后也变成了一口一个“玉山”的叫。其实还是有些不好意思,玉山的大儿子和我们差不多大,而且去年家里还添了个孙女,以后真的需要改口了,虽然直呼姓名显得亲切。

2009 年白寨科技小院建立之时,玉山就一直跟着我们的老师和师兄师姐们,我们在科技小院里推广的双高农业知识没有他不熟知的,而且实实在在的用到了自己的地里不断地创新,从一个开始不懂得种地的人变成了一个地地道道的种地能手,粮食产量也是全村数一数二的。此外,玉山家还是一个医术世传之家，家里开着诊所，由家里的老爷子亲自坐镇，玉山也会一些医术，比如拔罐、针灸等。

由于经常和玉山打交道，同学们称作“嫂子”的玉山老伴也是一个特别好的人，除了逢年过节我们会到玉山家吃饭，就是平常家里做了什么好吃的也会通知我们，我们也会毫不客气地到玉山家吃饭，不管咋样，只要是碰上了饭点就一般会留下来洗洗手就吃，这里已变成了我们基地学生的第二个家，在这里你可以无拘无束，自由自在。

我特别喜欢嫂子做的拿手菜——自制的辣椒酱、豆瓣酱、各种腌菜，那味道比买的还要美味。这些也成了我们在玉山家吃饭必备的一些小菜。我还曾一度想知道做这个酱的秘诀，有机会我一定学习一下。

给我印象最深的就是那次我生病的时候。那天早上我上吐下泻，特别难受实在是坚持不住了，就拨通了玉山的电话说去他家拿点药吃。在玉山家，玉山给我拿了 3 包药让喝了下去并躺在风扇边的弹簧折叠床上休息。到了中午，嫂子说要给我下面条吃，饭做好了但我就是吃不下，看到这个情形，玉山说：“要不来拔个罐吧？”于是就在我的肚子上安了一个罐。一段时间后，罐子被拿了下来，那个地方留下了一个颜色特别深的印记，我问这个印记啥时候消下去，玉山告知至少一个星期。拔完罐后觉得舒服了好多，肚子也不是那么疼了，又吃了一次药，还在玉山家吃了晚饭我才回到科技小院。第二天病就完全好了。

这件事只是玉山给我的一个小小感动。他总是能给我们带来各种及时的帮助。同学们常说“玉山和嫂子就是我们最亲爱的人”。

札记

在科技小院的一年时间里，我得到了很多受用一生的经历。那些一同走过的岁月深深地印记在我的心中，会伴随我的一生。在这里，有太多的人生第一次，第一次接待外国人、第一次组织活动、第一次……在这里见证了我太多的成长。在接下来的一年时间里，这里还会发生更多的故事，这一次，我一定时刻提醒自己要时刻保持发现的本能，善于发现隐藏在每件事情当中的那份感动，时刻怀着一颗感恩的心，向前，向前，向前。

◈ 收获归来

我和曲周有个约会

魏素君

俗话说“好事多磨”，我和农大的缘分就是这样。几经波折的考研之路上差点儿被中国农业大学踢出门外，最后才被张福锁老师他们捡了回来，接到通知的那一刻，忙着联系调剂略显疲惫的我高兴坏了，朝着北京的方向喊道：“北京，我来了。”

2012 年 6 月背着行囊踏出了大学校门在家等着去北京的通知。终于等到了，然而却是去河北曲周。2012 年 6 月 11 日我来到了白寨科技小院。自此，我和曲周的“爱恋”开始了。

我是 6 月 11 日下午傍晚时分到达白寨小院的，当时天还没有黑，师兄师姐就带着我去了好几个地方，当时一切都比较陌生，就记得去过地里、小院、农民家，后来才知道有“三八”示范方、核心示范方、甜水庄示范方、甜水庄科技小院、科技农民吕玉山家。这就算是我和曲周的初次相识。在接下来相处的日子里，有高兴、有悲伤，有欢笑、有泪水，回首这一路走来的一年多时间，我不后悔和曲周结缘，他给了我经历、教我成长，认识了良师、结识了益友，为以后的人生道路奠定了基石。

渐渐地，我们熟悉了，彼此间的交流互动也多了。每天去地里转转，看看那方土地长得好不好、有没有问题？该如何解决？和那方土地的人聊聊天，看看他们有什么问题、有什么想法、有什么建议。不善言谈的我在和农民苏书臣聊天时竟然聊了一个多小时，聊完小麦聊玉米、聊完玉米聊油葵、聊完农业知识聊我们的学习生活和农民的生活。艳霞师姐还夸奖我说:“哟,我们家君君不错哦,现在变得这么能聊了。”我也调侃说:“那可不,这里现在是我的,我当然要好好经营喽。”

要跟得上彼此的节奏,除了了解他们的一切外,也要把我的世界给他们看,教会他们我知道的东西,让他们跟上我的节奏。给农民上课,做农民培训是一个很不错的途径。2013 年 3 月 17 日是我第一次给他们讲课,授课内容是《冬小麦春季管理》,为了这次与农民具有重要意义的约会,前一天晚上加这天白天我都在忙着做 PPT、练习讲解,考虑讲授方式,想着如何抓住农民的注意力、激发他们的积极性,还想着如何带动农民思考、讨论等,这些问题在我脑中过了一遍又一遍,虽做了充足的准备,但最担心的还是面对农户的提问回答不上来怎么办。这一刻就那样平凡的来了,来的人有十一二个,不免有些小失望,不过他们认真听课、热烈讨论的场景让我很高兴。之前就听艳霞师姐说每次讲课,吕增银大叔都会提出奇怪的问题,每次都不能很好解答,这次也不例外。增银大叔问我:“小魏,你知道为啥小麦在灌浆后期遭受雨水后就不长了?”说实话,我只知道这个结果却不知道造成结果的原因,听大叔这口气是要为难我了,在我不知道如何回答时,在场的农民你一言我一语开始嚷嚷着自己的答案。我庆幸他们为我解了围,最后增银叔也给出了自己的说法。过后查阅资料得知,就像增银叔说的那样,通俗来说就是将麦子撑死了。这种有惊险有惊喜的过程,让喜欢刺激的我更加喜欢这里了。

有了我们的故事,偶尔晒晒幸福也是不可或缺的。向前来参观的师生、国内外专家、企业或政府工作人员等介绍我们的故事,不同的是根据不同参观人群变化着介绍策略,唯一不变的是把我们间的故事分享给他们。外国朋友来参观时,我也会把农民朋友请到科技小院,大家坐在一起聊聊外国的农业,聊聊中国的农业,让长期待在曲周的他们开阔眼界,增加见识。每次接待外宾都要比以往准备更久的时间,因为这是用英语介绍,尤其是第一次,简直要抓狂,写好的稿子还愣是记不住,为了把我们的故事传得更远,我背、我记、我练。然而第一次还是华丽丽的让我囧,不过有了第一次的经验，之后的外宾接待再也不会有那般囧样了。

◇ 交流

我在这里生活，我在这里成长，这段旅程给予了我太多，多得让我不知从何说起，多得让我不知该如何诉说。在这里，我可以无限的尝试，发现自己的优势与不足；在这里没有你不行，只有你做了没有；在这里没有不好，因为好多都是第一次；在这里有惊喜有惊险；在这里有欢乐有泪水；在这里你接触了农民朋友更多的东西，农民朋友也学会了你更多的东西；在这里我们携手同行走向远方。

曲周，一个神奇的地方

魏素君

“曲周是一个神奇的地方，曲周团队是一个神奇的团队。”到曲周之初这句话就飘入了我的耳中，住进了我的脑海。刚来到曲周的我并不知道他到底有多神奇，又神奇在哪些地方，只是知道有一群农大的师生长年驻扎在农村一线，而他们组成的团队被称为曲周团队。不管别人如何定义“神奇”，这一年多的时间我生活着、经历着、见证着这样一种神奇——他是一个放大镜，让你的缺点、软肋显而易见，同时他又在不断的创建平台，制造机会，让你克服缺点，不断成长。

以前的我害怕和别人打交道，因为不知道说什么；以前的我害怕在众人面前讲话；以前的我超不自信，不敢去做没把握的事情；以前的我向来低调，上台表演从不会出现在我的生活中……，这一切都不适合在曲周生活，在曲周需要你能独当一面，样样精通，而我感觉唯一可以适应的就是踏实勤奋。曲周让我的软肋威胁到了我的生活，曲周又让我向我的软肋发起了挑战，给了我一个打败软肋的战场。

2012 年暑假，我和几个同学提早来到了曲周基地，8 月份，师兄师姐和老师外出开会，科技小院就剩下我们几个新同学。一天接到师姐通知说，北京外国语学院学生来曲周开展暑期社会实践，临回京前要搞一个联谊会，县里邀请科技小院学生参加。明明是不善于表演，畏惧舞台，留在科技小院的就我们 4 个同学，我想逃也逃不掉，只能上。当时演什么节目、怎么演，着实难着了我们，看了师兄师姐们之前演节目的视频、结合大家的建议，最终决定以《我和科技小院的故事》为题演个小品。分好角色后就是记台词了，之后就是对台词，走场景。记住了动作忘了词，记住了词忘了动作，我背、背、背，我练、练、练，终于可以勉强应付这第一次演出。演出时，也不知道在看哪，观众是一个没记住，好歹把节目顺利演完了，下台后口干舌燥，感觉好累就像是把所有的能力都给吸完了。有了第一次，之后的演出就好多了，不过舞蹈的部分总是让我很头疼，记不住节拍，跟不上节奏，以至于每次都要比别人慢半拍，也有忘了动作的尴尬。虽然没有做得很好，但是我去做了，我尝试了，我迈出了第一步，我在努力做得更好，我没有过停下脚步。

◇ 第一次登台演出

组织一次活动，我没干过，也从来没想过我可以。2013 年 3 月在张宏彦老师的鼓励下，我也开始想策划一次活动，规模不要大。3 月 8 日在妇女节到来之际，活动顺利举行，本次活动除了让大家娱乐外，也要让大家认识我，知道北油村来了个新学生。前期通过和北油村吕玉山联系初步了解了村里能歌善舞者以及他们的组织者，通过董银怀主任联系找好了演出地点。接下来就是找组织者联系他们召集成员，准备演出设备。3 月 7 日下午大家欢聚在一起简单排练了一次，开了个小会，3 月 8 日那天下午又问了秧歌队和广场舞领队队员能否在晚上到场。这次活动没有华丽的灯光，没有绚丽的舞台，有的只是他们满腔的热情，大人、小孩都玩得很开心，他们也知道村里又来了个新学生叫魏素君。这次活动也让我认识到很多不足之处，忘记带喇叭、音响声音不够大、现场秩序太乱。在组织活动的过程中组织、协调能力得到了提高，在参与活动的过程中更加注重团队精神、团队协作。

◇ 秧歌

由于缺乏自信，我向来不会主动承担任务，而在这里每个人都需要找到自己的位置，主动承担一些工作。有一次在试验站开会，王冲老师问“你们这一届谁来担任党支部书记”。我在犹豫，同学们也没人说话，田净推着我说“你来当呗”。我还是在犹豫，几个回合后，我对王老师说“我来试试吧”。在全体同学的努力下，我们支部荣获“学院先进党支部”、“学校先进党支部”，个人也荣获“学院优秀党员”称号并作为代表在 2013 年的表彰大会上作为代表发言。经过近一年的锻炼，这次发言没有给自己丢人，没有给曲周丢人，会后有同学向我了解曲周，了解科技小院。我知道我在一步步地进步，不断向更好的自己迈进。

在曲周，你有着与其他研究生不同的经历，你在不断的尝试，不断的进步，不断的变得更强。第一次讲课、第一次演出、第一次组织活动、第一次讲展板、第一次做饭、第一次种地、第一次整理厕所……无数的第一次让我们不断超越自我，开发潜力。

2013 年，这平凡而又非凡的一年，这一年我见证了他的神奇，发现问题并帮你解决问题，让你经历教你成长。在这里我们结识了一群兄弟姐妹，在这里他给了我们更多的经历、更多的成长、更多的收获，感谢命运，感谢大家，感谢曲周！

◈ 上台发言

我的三尺讲台

魏素君

2013年1月4日，曲周县县校合作领导小组办公室以及曲周县教育体育局下发了《关于中国农业大学驻曲周研究生到学校开展支教活动的通知》，通知文件是之后张宏彦老师发给我们的，因为1月份的曲周已经很冷了，农户也不再进行田间管理，大部分学生在北京进行着工作总结。拿到张老师给的通知，第一感觉是这项活动很不错，内容肯定会很有意思，也会给自己的曲周农民生活增添不少乐趣，而且小时候登上三尺讲台的梦想也会在此实现，想想站在三尺讲台上面对这一群小孩子说教就很开心。随着学校的放假这件事也渐渐淡被放假的兴奋挤出了大脑，但以后的曲周生活因为它的存在而更加多姿多彩了。

2月23日，农历正月十四，我们来到了曲周，拜完年过完正月十五，我们的新年工作也正式启动了。一切步入了正轨，同学们开始忙碌了，支教也提上了日程，同学们开始联系学校，我也不甘落后。3月4日上午我来到北油村小学和学校校长商量支教事宜，到学校支教不仅受到了老师的大力支持，学生们也很兴奋。该小学设有幼儿园和小学一、二、三年级，每个年级只有一个班，50人左右，每个班由两个老师负责所有的课程和其他事务。当我和老师谈及支教内容时，学校的几位老师一致建议开展文化课以外的课程（因为学校老师有限，兴趣课的开展比较少），在时间上原定是一周一次，到时随时联系。起初还担心老师会不会同意去支教，担心会打乱他们的正常上课秩序，这次拜访让自己悬着的心稳当了。

3月27日，我踏上了三尺讲台。在这之前的几天我都在想，现在的小孩都那么聪明，不拿出两把刷子能镇住他们吗？在为自己担心，也在为第一次支教精心准备着。拜访完后，我就在想具体支教什么内容，音乐我不擅长，美术还行，平时也爱随便画画，最终支教内容定在“美术手工”，提高学生的动手能力，也在利用废弃物制作手工的同时懂得废弃物的循环利用，养成节约资源的好习惯。27日上午，开始为下午的支教备课，准备教他们画鱼，先从网上搜索了一些内容，确定好后自己先画了一幅（为下午课前准备），为了让学生们肃然起敬，这次准备的比较丰富——两幅画，一只立体纸老虎，一次性水杯做的太阳花，纸折百合花、樱花、玫瑰花。时间是下午后两节课，时间一点不紧，但我还是提早一个小时出发了（电动车不到10分钟车程），把一切家当放在我的“百宝箱”中，骑着电车向学校驶去。到达办公室，有些老师在上课，在办公室的老师不多，也许是老师看出了我的忧虑，也许仅仅是鼓励，老师们说“你别担心，尽管放开胆子讲，谁不听话你就批评他，上美术课他们可喜欢了，不用担心。”话是这么说，第一次上课就吼学生，会不会让他们以为这个老师难相处呢，不管怎么着，这一次必须尽可能的温柔。

◎ 上课中门口的好奇

“叮玲玲，叮玲玲……”上课铃响了，三年级班主任带我来到了他们班，向学生们介绍了我之后就离开了教室任我发挥。和学生打过招呼过后，为了进一步提高他们的兴致，我拿出了“百宝箱”开始卖关子。“你们知道里面装的是什么吗？”“不知道！”“那你们想知道里面装的什么吗？”“想！”学生们异口同声地答到。接着，一件一件的作品在他们的欢呼声中拿出来，预期目的达到，接着我又说道：“今天教你们画鱼好不好啊？”“好！”又是异口同声，我的情绪也被他们带动，这次课上得很成功，临近放学将这节课的作品收了上来并将自己的联系方式、住址写在了黑板上，没想到同学们都抄在了自己的本子上。他们对新鲜事物的好奇、他们的活泼天真，让我看到了小时候的自己，也让我想着以后要多增加些内容，让他们了解得更多。

北油村小学的支教不仅让学生知道了我，孩子的家长也知道了我，知道了白寨科技小院的存在。记得一次去地里进行田间服务，一个大姐就问我“你是不是白寨科技小院的，有没有一个姓魏的老师？”“嗯！我就是！”“我们孩子在家老提起你，说在学校你给上的美术课，可喜欢你上课了！”“孩子们喜欢就好，大姐地里有什么问题以后尽管问，我经常在地里转！”受到学生的喜欢，家长也认识了我，很是高兴。QQ 是现在很流行的聊天工具，好多学生现在都是我的 QQ 好友，学生简单的一句问候，“老师，你好！”“老师，在吗？”“老师，吃饭了吗？”简短但很温暖。偶尔学生的家长也会凑过来和我聊几句“现在忙不忙，吃饭了吗，有时间来家里吃饭！”很平常的话但内心暖暖的，字里行间满满的都是爱。

9 月 10 日是教师节，学校放假，我在屋里。“魏老师！魏老师……”一声声的稚嫩叫声从屋外传到了屋内，出门一看，呵！好多小孩。“魏老师，节日快乐！”“谢谢你们！”接下来孩子们开始在院子里玩，两个害羞的小女孩见我一个人时，悄悄走到我身边，递给我个东西说“老师，这是送你的礼物，祝你节日快乐！”手里拿着她们的礼物，是自己画的画并抄写了一首诗，虽然礼物不精致，也不值钱，但这也许是他们画了几次的成果，这里面包含的是她们单纯而美好的祝福，是她们对老师的喜爱。虽然我叫不出她们的名字，但他们的样子却印在了我的脑海里。

甜水庄高产田追肥记

闫　峻

7月下旬，地里的玉米进入大喇叭口期，这个时期是玉米需肥的关键时期，因此，我们要组织督促农户追肥。追肥方式有两种：一种为机械追肥，这种方法将肥料深埋土中，且施肥中所划开的沟道还有利于通气，是我们提倡的追肥方法，但缺点就是机器较贵，农户自己购买不切实际，而找农机队追肥费用高；另一种追肥方式就是人工撒施，简便快捷，但缺点也很明显，肥料浪费严重，追完肥后若不能遇到及时下雨，效果会差。显而易见，机械追肥比传统追肥有很多好处，也是高产高效农业的必备环节。因此，我们应大力推广玉米喇叭口期应用机械追肥。

甜水庄40亩高产示范田之前没有使用过机器追肥，因此我们选择在科技农民赵亚南家的地中示范，让大家看看效果，顺便将机器调整到最佳状态，但是追肥的结果却不尽如人意，在地的两头损坏玉米苗较多，平均每行要损坏7～8株，且肥料的用量很大，机器也不易调节，这可把村民们心疼死了，纷纷表示不愿使用该机器，我和亚南的心中也对机械追肥的效果产生了怀疑，打起了退堂鼓。晚上回到小院与张宏彦老师说明了情况，张老师认真计算了其中的收益得失，指出地头出现苗损坏的情况是因为地头普遍较密，补种较多，往往都是一穴双株，甚至一穴三株，而损坏几株起到了间苗的作用，且玉米对密度的调节功能很强，会通过所结棒子的大小来对密度的变化做出反应。这些话又使得我们重塑信心，回去向示范方内的村民解说，指出其中的利弊，村民们也都表示愿意使用机械追肥，而针对损苗的情况还风趣的说："哪有打仗不死兵的啊"！

我们第二天在地里开始大面积追肥，因只请到了一台追肥机，4 点多作业到 8 点太阳落山一共追了 10 亩地。在施用方式上，我们选择了隔行施肥，这样既减少了施肥用工，也保证了追肥的效果。在看到实际效果后，愿意使用的村民越来越多了。于是，我们定于翌日早 7 点开始继续追肥，但天有不测风云，这天清晨乌云密布，我们将肥料分给农户，吩咐农户撒于地中，不一会儿便降下了瓢泼大雨，这场雨持续时间估计只有 15 分钟左右，但地里已有大量积水，追肥也结束了。

◎ 天气真热！

◎ 年轻帅气的机手

苏贵雪和她的小超市

赵　丹

2013年冬天跟着师姐到曲周调研，苏贵雪是我们的访谈对象之一，第一次见到她就是在她的小超市。

她不高不矮微胖，羽绒服、打底裤、皮靴、黄色卷发，略带时尚；三十出头，时间却没有在她脸上留下过多的痕迹，完全看不出已经是一个 11 岁女孩和两个 9 岁男孩的母亲。刚走进门，她就笑脸相迎，显现出生意人的精明和热情。她的超市不大，麻雀虽小五脏俱全，日常生活用品都是可以在这里买到的，我们到的时间正值午饭前，来光顾的人接连不断，我们的谈话也不得不被打断。

开超市不是一件难的事情，难的是一个人开超市，尤其是一个女人开超市。在村里的超市往往都是两个人开的夫妻店，丈夫负责进货，妻子负责销售，在这里的苏贵雪是又进货又销售，一个人干了两个人的活，家里人对她开超市的事既不反对也不支持，这里里外外的事情都得她一个人忙活张罗，好在这家超市也被她经营得有声有色。

一个女人怎么就开了一家超市？这故事还得从她初中毕业初入社会说起。初中毕业时她因为眼睛近视辍学。年轻时以为最好的世界在外面，总想出去闯闯。从初中毕业到现在有一家超市，都不是一蹴而就的事，是她一点一点积累而来的。

毕业后，她打过零工、摘过棉花、搓过麻花、卖过鸡蛋、卖过水果，期间也去砖瓦窑家具厂上过班，几乎把她能做的工作都做过了，按她的话说就是什么赚钱做什么。初入社会这么多年自然是吃了不少苦，吃苦归吃苦，过得也总比周围的人好点。她放弃的工作也不是不好，只是还有她以为更好的工作，村里的其他妇女很多都做着她不做了的工作，每天有点工资还能在家带孩子，也就这么过下去了。现在她把她的超市当做一个工作一份事业来做，就算自己一个人操持也要继续做下来，想着怎么扩大规模。

问她以后想不想在城里买楼，她腼腆地笑着说“想是想啊，就是不知道能不能买上，走一步看一步。”

她不安于现状，追求更好的生活，但她又不是一个空想主义者，她想了并且去做了，这就是她能从一无所有到今天拥有一家超市的秘密吧。

开一家超市不是伟大的事，和周围在家带孩子、外出打工的妇女比起来，起码说开超市不是一件容易的事，苏贵雪做到了。

她有目标有行动，对美好生活的不断追求，让我感动。

◎ 超市一瞥

◎ 三个子女

忙碌的夏天

赵鹏飞

“叮玲玲……”一阵急促的闹铃声在农村安静的早晨调皮的响起，睡眼惺忪的我不情愿地从被窝里爬出来，钻进厨房，煮上小米粥，开始洗漱。

曲周的夏天从早晨开始就逐渐又燥热起来，夏天对曲周县的农民来说是冬小麦收获夏玉米播种的季节，对于驻扎在这里的科技小院研究生来说，六月更不安宁。

洗漱完毕之后的第一件事是叫师弟师妹们起床，这是一天中最头疼的事情，长时间高强度的工作仿佛已经让他们失去了年轻人该有的青春和活力，我知道，不忍心，但又不得不这样做，因为做农业技术工作的人必须跟着农时走，错过一天就得来年从头来。所以，不管有多累，我还是得叫大家起来，在大家洗漱的过程中，锅里的小米粥也好了，这样洗漱吃饭之后，就开始了一天的工作。

夏天对于位于华北平原腹地的曲周县有着特殊的意义，农民要在这个季节收获头一年秋天播种的冬小麦，紧接着还要抢播夏玉米，所以在这个燥热的夏天，地里的景象也是一片繁忙。对于驻扎在科技小院的中国农业大学研究生们来说，他们要比农民更忙碌一些，为了精确的评价一年来的推广示范工作，跟踪农户的基本信息，解决农民在生产中遇到的疑难杂症，学生们要抢在农民收获小麦之前到地里取样测产，要在农民们玉米播种的时候登记播种信息，要在农民地里布置各种各样的田间试验，当然还要在农民们闲下来的时候在科技小院里开启轰隆隆的脱粒机，完成小麦样品的脱离等测产工作。

像往常一样，根据分工，魏素君和田净要到地里去跟踪登记农民夏玉米的播种信息，剩下的同学要和他一起测产，对新来的师弟师妹们来说，小麦测产是个复杂的过程。

“首先在取回来的样品中分取一部分小样留作测定收获指数，剩下的部分全部脱粒后称取鲜重，而后在籽粒中再分取一部分小样装入小信封中待烘干，烘干后计算含水量，进而折算成每亩地的产量。”

“听明白了吗?”

“有点不太懂。”还有点腼腆的师弟彭学可说。

“好的，没关系，那我再讲一遍，大家一定要明白整个测产流程，不然只是机械的工作，学习不到其中的道理。”

“为了比较准确并且在工作量适度的情况下完成测产计划，我们需要在农民的田块中取三个 1 平方米的样方，将作物整株收获。然后在样品中分取一部分小样，留作测定收获指数……”边讲边观察，在大家的眼神逐渐明朗起来的时候，就进入工作阶段。

早晨七点半，插电开机，轰轰的脱粒机转了起来，赵伟丽、王雯雯负责整理麦穗，闫峻和我负责脱粒，德子带领几个工人负责簸籽粒，胡芙蓉负责称重和分取籽粒小样。

突然嗡嗡的电机声不响了，“咦，怎么回事?”

“师兄，着火了着火了。”师妹伟丽说。

我抬头一看，卫生间下面的电线在冒火花呢，我赶紧跑过去把电源总闸关掉。再回来看，电线已经被烧焦了，想是长时间大功率电机转动，电线吃不消了吧。

“可可，帮我把梯子搬过来。”没办法，不能因为这个耽误工作。

爬上墙头发现接口两端的金属丝已经被烧焦的绝缘塑料皮包围，所以电路不连通。把烧焦的部分剪掉再重新连接，用胶布将连接处缠好，打开电源总闸，电机又工作了。

接着近一个星期，大家都是在这样的"忙碌"中度过的，还时不时会遇到一点小状况，不过大家一致认为这就是正常生活。

烈日下，漫天的灰尘从脱粒机里喷射而出，即使罩着头巾和口罩也徒劳，女生成了村姑，男生变成了农村壮劳力，汗水沿着脸颊顺流而下，遇到灰尘，在脸上和成了泥，鼻孔里、睫毛上，黑灰黑灰的。

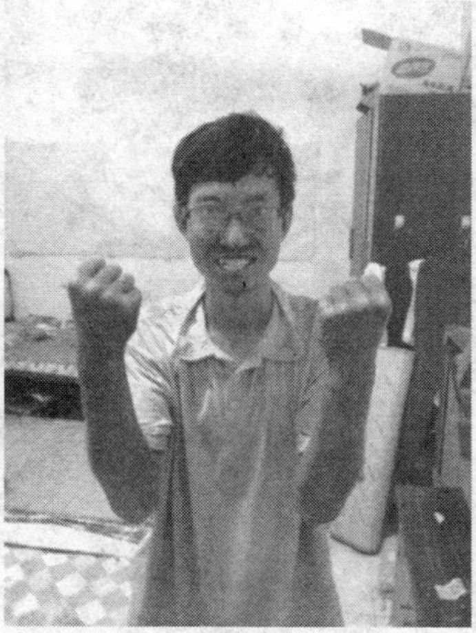

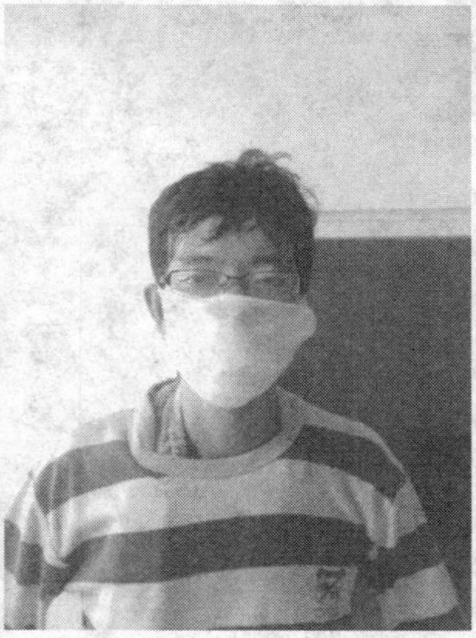

◈ 测产后状态留念

华北平原的典型种植体系是一年两季，即冬小麦—夏玉米的轮作体系，这也就意味着我们在一整年里基本没有空闲的时候。农民在动，我们理所当然在动，农民们不动的时候，我们要想方设法让他们动起来，比如"冬季大培训"、在生产季里空闲时的农民培训等。在科技小院的每一天其实都是一个收获季，6 月，大家在忙碌着地里的收获，平日里，大家忙着人际的收获、自我能力的收获，科技小院的学生在每天面对着突如其来的"意外"中逐渐的成长，没有学校里的课堂，我们在生活的大课堂中摸爬滚打，没有学校里的学术报告，我们在农民们的经验中汲取教训，没有学校里的学术氛围，我们在农村里学会脚踏实地。

科技小院情缘

蔡永强

那是2012年6月,我收到了中国农业大学资源环境学院硕士研究生的录取通知书,心里特别高兴。因为我儿时就想亲眼看看北京天安门的梦想终于可以实现了,而且终于可以亲身体会平时只能在电视里看到的北京现代化大都市生活方式,过上“流行时尚”的“北漂”生活了。因此,我大学本科毕业后回家待了不到10天,就背着双肩包拖着装满换洗衣服的行李箱直奔火车站,登上了北上的列车。

我清楚地记得那次来北京途中的痛苦经历。火车票是在网上订购的,也许是因为兴奋过头,而且当时正值返校高峰,火车票源比较紧,订票时这一秒看着还有一两张票,下一秒可能就没了,导致我订票时没仔细看就把票给订了。当我乘车那天取完票之后才发现“无座”,我双腿发软,差点儿当场跪倒在地,这16多个小时的车程足够让我记忆一辈子!

到北京不久,我特地准备了1天的时间来到天安门。虽然这次参观天安门花了我十来年的努力和汗水,而且还经历了一些挫折,但天安门的雄伟、壮观和气派,确实没有让我失望,我儿时那参观美丽壮观的北京天安门的梦想总算得以实现!

到中国农业大学不久,我被派到河北曲周提前适应环境和生活。2012年7月28日是我第一次结识曲周的日子,同时也是我正式与王庄科技小院结缘的日子。

当时我直接到中国农业大学曲周实验站，然后被贾冲冲师兄接到王庄正式入驻王庄科技小院。我还清楚地记得当时贾冲冲师兄来实验站接我时骑的是一辆电动车，师兄那热情洋溢的笑容一下子感染了我，让我第一次感受到了“曲周基地大家庭”的温暖。

到王庄科技小院后第一个见到的是一位和蔼慈祥的老人——王怀义，他曾经是一位军人，后来回到王庄村当村支书，还跟辛德惠、石元春等老教授一起带领王庄村民治过碱，在村里德高望重，深得村民们的爱戴。虽然王大爷已经年过七旬了，可是他那仍然硬朗的身体和敏捷的思维令我刮目相看。他对我们十分照顾，至今我们住的小院还是他儿子留给他养老的房子，他免费提供给我们住，自己却甘愿住在破旧的老房子里。此外，王大爷对我们的衣食住行也特别关心，时常到科技小院来嘘寒问暖，好不亲切，好像父亲对子女的关照，让我们在科技小院切实体会到了“家”一样的温暖。

随后，一个体格健壮的“北方大汉”走了进来，那是王庄合作社的理事长王志成，见到我之后，热情地握住我的手说：“热烈欢迎新同学，一会儿咱们下饭店给你接风。”一听说要请客吃饭，我一下子感觉有些受宠若惊，不过王理事长的一些热情幽默而且从不见外的话语立刻消除了我的紧张和顾虑。王理事长曾经过商，特别会与人打交道，合作社这些年承担的很多项目大部分是他从政府或企业那里争取到的。

在饭桌上，还来了另外两个人，一位是合作社会计王俊山，另一位是合作社理事兼我们田间学校的校长王浩明。这个王俊山为人忠厚、话语不多，不过30多年的会计经历练就了他很好的计算本领，在全镇所有会计中是数一数二的；他还是一个种田能手，全村小麦、玉米最高产纪录都出自他之手，我们在种地方面有什么不太懂的地方时常会向他请教。王浩明理事思考问题比较全面，每次召开合作社会议的时候，他的发言最多，当然他的观点也最中肯、全面。

这是我最先在王庄认识的四个人，他们也是合作社里边的四位理事，这四个人各有千秋，因此注定也能带领合作社走得更远，发展得更好！同时，在工作上，通过合作社的帮助和协调，我们在王庄开展了很多小麦玉米高产高效的技术集成创新，取得了很多成效，个人也得到了很多的锻炼；在生活上，天冷了会提醒我们加衣御寒、天热了会送西瓜给我们降暑、水管坏了会主动给我们维修、电线老化了会为我们更新换代、没吃的了会时不时送各种“美味佳肴”等等。总之，在他们以及其他王庄村民无微不至的关怀和照顾中，我们并不感觉孤单寂寞，相反还收获了一种不是亲情更似亲情的东西，这是科技小院给我们人生的一大财富，使我与科技小院结下了不解情缘！

◎ 年过七旬的王怀义大爷和他的老伴——给我们送菜的大娘。

农村科技带头人——王九菊

曹国鑫

“你把车停下来，为啥不在我村搞服务了？”一位约 40 岁的妇女把我的电动车当街拦了下来。

她就是王九菊，可是在此之前我只知道她是范李庄村（河北曲周七个高产高效示范村之一）的一个普通村民，李建军的媳妇。从那天开始慢慢知道她并不普通。

在地里巡查了一圈后，正打算从原来的范李庄村示范田前经过，找一条新路回科技小院驻地，寻求一点小清新。可是，骑着骑着就被王九菊拦了下来。之所以称为原来，是因为 2009 年刚开始建立高产高效示范基地时，李晓林老师在选择了核心示范村北油村后又在周围选择了几个辐射村，具体来说就是点和面的关系。

核心方是一块拥有 163.8 亩[①]地的整块小麦玉米轮作体系地块，其实，我所说的整块地，是指这块地被周围的农田林网和道路分割出来了，从几百米的高空中看它是一整块而已，实际上这块地也不例外，同样是黄淮海平原众多分散地块中的一块。这块不足 200 亩的地还被分成了 72 小块，分属于 59 个农户，平均每块地只有 2.3 亩，大点的有 3 亩多，最小的仅有半亩。当初之所以选择这块地作为核心示范方，其中最重要的一

① 1 亩=666.67 平方米，全书同。

个原因就是这块地里的坟头相对较少，这是未来分散地块走向合作化、规模化和机械化的一个重要前提。另外一个重要原因就是这块地土壤比较贫瘠，农业生产问题比较多并且具有代表性，再有就是地理位置比较优越，周围有两条主要干道围绕，是一个集示范与研究于一身的平台。

核心方周围的几个示范村在第一季的示范推广过程中我们仅设置了几个示范点。与核心方相比，这些点的面积只有 10 亩左右，我们计划在玉米季既有大面积的展示，同时也有示范点上的带动，形成一套点面结合、由点到面辐射，最终形成星火燎原之势的技术扩散格局。此外，在这一过程又同时加强了与周围村庄的合作，特别是与各个示范村的村级领导集体形成联系纽带，为后续扩大示范推广工作面奠定组织基础。

在遇到王姐之前，确切地说是在被王姐拦下来之前，我们所开展的示范推广工作都是与村委会直接对接的，这也包括王姐所在的范李庄村。村一级领导集体在我国的政治体系中发挥着重要作用，这些作用之中多数都与农业直接相关，包括宣传贯彻法律、法规和国家政策，维护村民合法权益，教育和推动村民履行法律、法规规定的义务，发展文化教育，普及科技知识，促进村和村之间的团结、互助，开展多种形式的社会主义精神文明建设活动；承担本村生产的服务和协调工作；管理本村属于村农民集体所有的土地和其他财产，教育村民合理利用自然资源，保护和改善生态环境；组织实施本村的建设规划，兴修水利、道路等基础设施，指导村民建设住宅；依法调解民间纠纷，协助维护本村的社会治安，向人民政府反映村民的意见要求和提出建议。可是，也正因为责任大、工作繁琐复杂，结合具体村情实际，每个村的工作重点在不同时期也会做出适应性的调整。在七个示范村中，范李庄村在第一季示范工作即将接近尾声并取得圆满成功的时候进行了较大的人员和工作重心调整，新上任的村干部想把在这个村的示范推广工作暂时搁置下来以集中力量抓当时的重点工作，我们也只能同意。

王九菊是最早的一批示范农户，缺少了村里的组织，王姐和周围的几个农户担心被我们从示范农户名单上去掉。之所以担心，主要因为当时我们在研究高产高效技术大面积推广的可行之路，所以最初的两个设定一是要与村组织合作，二是被服务的对象要具备一定的规模。这样才会提升示范推广的速度、效率，提高示范推广的效果。王九菊这个村的示范点已经不具备这两方面条件，我们也在考虑调整了。

在这一季的玉米高产高效技术示范过程中，王姐与周围几户示范户相比，一亩地比周围农户平均产量高了 200 多斤[①]，与上年相比提高了将近 400 斤。在其他农户的眼中，王姐就是一个粗人，地里的活没少干，不过总干不到点子上，产量一直不怎么高，在村里就是中等偏下的水平，由于技术示范工作在她家地里开展，所以今年的产量结果让王姐在村里出了名冒了泡，本打算要继续按照农大指导技术种植小麦，再打一个新高时却得知了这样的决定，怪不得王姐会有今天的举动。

"你说吧，你们农大还管不管吧？"王姐拦下了我，话锋直接针对农大。

"大姐（当时我并不知道她姓什么），不是我们农大不管了，是上面的决定，我们也没办法。"当时我解释的主要目的就是想告诉她这不是我们的责任，不怪我们，可是我当时也在顾忌村里，就含糊其辞的应付了一句。之所以这样说，一方面是事实如此，另一方面可能是因为心中的畏惧吧，之前从来没有被别人半路拦下来后还被大声呵斥过，当时王姐那"凶劲"就像我东北老家的"大老娘们"。

"我是学生，我决定不了。"当时，有点胆怯的我还在想着，我就是一个学生，她总不会和我较真吧，所以一再表露自己的学生身份，即使当时我和王姐是面对面，一对一的站着，周围又没有其他农户；即使我身高比王姐高出一头，体格上也不输给她什么，可是还是在气场上彻底输给了她。

"到底农大还管不管？给句痛快话。"王姐咄咄逼人的劲全部使了出来。

"都说了，不是我们不管，是……是你们村先不管了。"我把事实的真相原原本本讲给了王姐。后来，王姐还总提起这个事情，告诉别人她是如何把我吓唬住的，都成了一段笑话了。回想当时，我真的是因为害怕同时又不想大家误会我们农大，所以就像招供一样，对方连续两句逼问就让我

① 1 斤＝500 克，全书同。

把事情的底细一五一十的说了出来，都不是一问一答形式的，我一个人就全交代了。

“这个软包，”王姐听了我的“供词”之后连喘了三口粗气，“他不管，我管，中不中？”

“我们和村里合作，不和散户合作，还有，你这也不成规模，两个条件一个也不具备啊。”我又拿出了之前介绍的我们起初的施政纲领，想让她赶快死了心，赶快放我走了吧。

“有啥不成规模的，我这好几户都听我的，他老范（村支书）做不到的事情我能做了，你做不了主的事情我做主了。”王姐的那种风范彻底把我击垮了，好像到了女儿国拜见了女王一样。

“我说了不算，你说了也不算，我回去问我老师，他说了算。”当时的我就真的像一个可怜的孩子。

“你回去吧，赶紧回去，问完了马上给我回个话。”王姐到了这个时候才终于把我的车把松开了，因为害怕我闯过去，王姐始终紧握着我的车把不放。

回到小院，李晓林老师看到我六神无主的样子还以为发生了什么大事情，其实真的发生了一件大事，不仅性命攸关，更重要的是这直接关系到了曲周基地未来的发展方向和命运，或者更确切说是更多平头百姓的命运。

之所以这件事情记得这么深，是因为李老师在得知了情况之后不仅没有安抚我受惊吓的小心灵反倒是批评我不具备敏锐的洞察力，对新的组织方式不敏感，这时候我才意识到，我差点抹杀掉了一个新事物的生命，一种新的高产高效技术推广组织方式的苗头。

李老师马上和王九菊取得了联系，刚开始也顾虑跨过了村委会做示范推广是否妥当。

“没什么不妥的，我把老范叫过来，和他说清楚，他没有时间，他可以让我来组织啊，不比他差。”王姐还替我们考虑着。

后来，王姐挨家挨户的去做工作，把周围的十几户都组织了起来，预定肥料、预定种子、联系大型机械、组织村民参加我们的培训、召集群众参加现场观摩等一系列的田间活动。在王姐的积极组织下，这十几户近五十亩地的产量都提高了一大截，比周围农户产量平均提高了将近20%。按照村里示范农户的说法，其实王姐一直都很热心，也很能张罗，只不过原来这些优势没有发挥在农业生产上来，现在农大来了，她把这些精力都用到正地方了。

从此，农民自发组织的新形式诞生了。我们在王九菊家建立了第一个设在村民家里的科技小院，后来又相继合作建立了农民田间学校等。在王姐的组织下不仅示范面积扩大了，示范农户的产量和收益都有了很大的提升。这一新的推广组织形式得到了各级政府的高度重视，在王姐家建立起的科技小院还得到了曲周县、邯郸市妇联的高度重视，国家和省市多家媒体都对我们在范李庄开展的工作和王姐本人以及在这个科技小院工作的研究生进行过采访和报道。现在，这种农民自发的组织方式已经成为我们推广模式的重要内容和组织形式之一，未来也将在不同的地方得到采纳和应用。

袁书记的推广小窍门

曹国鑫

玉米收获了，原来的玉米地现在就只剩下地了，不过，接下来的几天，农民朋友们还要在这块地上忙碌几天，播种明年丰收的希望，期待着小麦也能够取得丰收。

每天在地里引导农户采用玉米适时晚收技术，心里总是美滋滋的，因为每天都会记录下当天说服了几户村民，有几亩地因为我的努力避免了过早收获造成的损失，最后还要算上一笔账，算算为村民们挽回了多少损失，有的时候一上午就能帮助村民挽回上千元的损失，这个数都快赶上我爸爸半个月的工资了，心里甭提有多高兴了。

“你一天都乐个啥啊？”北油村一个叫京贵的村民不知道我每天怎么会有那么多的高兴事。

“哪能不开心啊，每天都能劝回几户过早收获的农户，能挽回多少损失啊！”我又开始打起了“小算盘”，这几天我满脑子都是钱，每每说到“挽回损失”，我都会回想一下这几天总共帮助农民多赚了多少钱。

“挽回的钱也不给你，你高兴个啥？”我的开心京贵可能一时还不能理解。

“是不给我，不过毕竟帮助农民朋友实现了增产又增收啊。再说了，帮你挽回了那么多损失，你在嫂子那也抬得起头了，不请我吃顿饺子也得吃顿面条吧。”这时我才知道自己为什么会高兴了，除了因为农民高兴而高兴外，还有面条可以饱肚子。

“最近，总看见你往甜水庄(位于北油村村南，2009 年示范基地建立之初，在该村设立了一个技术辐射点，指导 4 位农户采用高产高效技术，都取得了较高产量)跑，咋地，他们村也要建立示范方啊?”京贵好奇地问。

“是啊，今年他们村的那几位示范农户产量都在 1 400 斤以上，最高的袁振霞一亩地打了 1 600 多斤呢，袁(兰章)书记看到效果了，原来他家那块地就是千把斤的产量，今年也打到 1 450 斤了，所以直接找到李晓林老师了，说邀请我们到他们村多搞几场培训，多给支支招，让社员们多学学技术，多打点产量。”

“袁书记，你说兰章吧？那人行。”京贵也认识袁书记。

“不说了，我转一圈就先回去了，改改这两天准备的去村里讲课的材料。”一边说我一边向京贵挥手道别。

其实，在此之前，就已经和袁书记打过几次交道了，他特别支持我们的工作，也特别照顾我，更重要的是对农业科技也特别感兴趣，还是个能张罗的好干部。在他的组织下，村民们都积极采用我们的技术建议，就说小麦种子预定这个事情吧，村民一方面是为了省钱，还有就是觉得自己去年种的种子还不赖，所以都有自己留种子的习惯，就是把自己家今年地里收回去的小麦留出一部分作为第二年的种子使用。听起来倒像是一件既省钱又可靠的事情，不仅省下了买种子的钱，用自己家的种子还避免了买到假种子的风险，其实不然，这里面存在着很大的误区。一方面，与种子繁育基地的专业人员相比，农民缺乏专业的种子筛选经验和设备，所以农民自己留下的种子质量参差不齐，会直接影响第二年的产量，有的农民为了应对这种情况，又会陷入另一个技术误区。因为不能保证自己留下种子的质量，有些农民只有采用较大的播种量来弥补种子质量上的不足，个别农户的播种量甚至达到了技术规程要求最大播种量的两倍以上。这样，由于盲目加大播种量不利于形成小麦高产的群体结构，最后还会限制产量水平的提高，所以从一开始农民就已经陷入了技术的误区，可是大部分村民并不知道这个道理。鉴于此情况，我们在农民培训课上，把这个情况为大家彻底分析了一下。

“可是这种子质量好点的吧都得两元钱一斤，一亩地光买种子就得花上七八十元钱。”有的村民抱怨现在的种子实在太贵。

“大哥，听我帮你分析一下啊，”我又开始讲起了我的道道（道理），“我再帮你们从这个价格上分析一下，你们听听是不是这个理啊，按最贵的价格计算，这一斤种子就算是两块钱吧，按照技术规程这一亩地播 30 斤就足够了，这才花 60 元钱，比你们说的 70、80 元钱要省吧，还没完，你自己家的小麦不做种子了还可以继续卖钱啊，我们调查了一下，播自留种的农户一般平均的播种量都在 50 斤，卖粮食的话，这 50 斤小麦还能卖上 50 多元钱吧，所以说，买新种子和用自己留下的种子在价格上是差不多的，可是，用新种子你不用担心因为播种量过大而造成的后期倒伏，所以减产的风险降低了，况且，按照技术要求执行了，科技含量高了，这产量也会有较大的提高。”

“是啊，按照小曹这么一算，一来一回，买新种子反倒是更合适了啊。”村民的小算盘在这一刻变得不灵了。

我的这一套算法也说服了袁书记，袁书记又用这一套说法说服了村民，在这里，袁书记给我介绍了一下他说服村民的小窍门。

“这老农民啊，别看种了一辈子的地，地里问题多的是，大家都盼望着产量高点，今年产量不高，就想明年产量高点吧，可从来不知道今年的产量为啥子低，第二年还是一个样，所以，种了一辈子的地和一开始没啥两样，但是想改变大家的想法又没啥好法子。”袁书记还在卖着关子。

“那你是怎么做到让那么多村民今年不再种自己家的种子，改种新种子的？”我好奇地问。

“一是科学，二是吓唬。”袁书记总结为两点。

“啥意思？”我还是不明白。

“科学，就是把道理讲清楚，你讲的就不错，还算了算账，这老农民啊平时种地也算账，不过总是稀里糊涂的，你这么一算还真管用。我也回去在村里广播了一遍，这还不管用，这科学啊，只有出自专家教授的嘴里那才是科学，所以，现在我每次广播之后都要加上一句，这是中国农大专家教授说的。”袁书记为我解释了他的更实用的“科学”。

“那吓唬是啥意思，吓唬谁啊？”我还是很佩服袁书记的现学现用。

“这老农民啊最怕你吓唬了，所以在广播的时候我把情况说的又严重了一点，比如说，用原来自己的种子因为质量不好，播量还大，后期一旦倒伏了就啥也没有了，还不如花上几十元钱买新种子呢。”袁书记用他的威信和“窍门”很快就在村里推广了优良品种选用这项技术，这项技术的推广和采纳，为后期的配套管理和小麦的产量提高都打下了很好的基础。

“我”的婚礼

曹国鑫

“桃花盛开、阳光明媚、欢声笑语、天降吉祥，在这个美丽而充满浪漫的日子里，我们迎来了一对情侣的幸福结合，在这里首先允许我代表二位新人以及他们的家人对各位亲朋好友的到来表示衷心的感谢和热烈的欢迎……”

“良辰吉时已到，让我们用热烈的掌声有请二位新人……”

“……”

“下面典礼正式开始：第一项，一拜天地。叩头。天降吉祥永相奉，三心二意天不应，愿上帝祝福你们。第二项，二拜高堂。叩头。孝敬父母在心中，父母吵咱咱不吭，在世孝敬父母得福长寿，直到永永远远。第三项，夫妻对拜，行平等礼。男尊女，女尊男，男女平等。夫敬妇，妇敬夫，夫妇相敬。谁鞠躬越深说明谁爱的越深……”

“今天在我介绍二位新人之前，先有请二位互相介绍，规则是说出对方几项优点，先从新娘开始，新娘首先说出新郎的 5 个优点，中间如果有停顿超过三秒，新娘要亲新郎一口，现在开始……新娘说出了不止 5 个优点，下面换新郎说新娘的优点，今天是 4 月 24 日，4、2、4，加起来就是 10，象征着十全十美，所以新郎要说出新娘的 10 个优点，同样的，说不出来或者停顿超过三秒，新郎要亲新娘一口……”

新郎在连续说出两个“漂亮”的同时，作为司仪的我带着亲戚朋友们开始了“热烈”起哄，在我帮助新郎说出了新娘的第三个优点“还是漂亮”时，婚礼现场达到了又一个小高潮，当新郎凑不齐新娘的十个优点时，相亲们的“一、二、三”倒计时迫使新郎亲上新娘一口，就连一边的小屁孩在此时也变得不依不饶，大喊“亲、亲、亲”，站在一边的婶婶、阿姨们也在此时笑得合不拢嘴，不过腼腆的新郎官可能是考虑到有这么多小朋友在场，最后还是“嘴下留情”了，选择了与新娘十指紧扣。婚礼在此时达到了又一次的高潮。

说真的，作为婚礼的司仪，我也是大姑娘上轿子头一回。除了一对新人，估计最紧张的人就算是我了，东拼西凑直到今早才成型的典礼主持词，婚礼现场才熟悉的婚庆程序，对新娘和新郎的即兴发难，回头想想，我还真是胆子大。这不由得追溯到昨天的一通电话……

“小曹，明天带着师弟师妹来参加婚礼，邀请你做司仪啊，就这么定了，七点半到啊！”核心示范村——甜水庄村老会计袁新旭老先生简短的二十几个字就把大儿子的“终身大事”托付给我了。

“不行，不行，真不行，老会计，我哪能干这个事啊，我去培训还行……喂，喂……老会计！”还没等我说完，老会计的电话就挂断了，此时我还坐在带领同学们前往后老营参观的大巴车上，起初以为老会计只是太过高兴喝多了酒，所以也就没当真。

到了晚上，当和赵鹏飞谈及此事时，他还开玩笑地说那你就试一试呗，不过从表情来看我认为这也只不过是一个乌龙。可是，越想越没底，好像老会计前些日子就说过此事，不过我当时就推辞了，不会是他忘记了吧，万一是真的怎么办？索性给老会计打过去了一通电话。

“您好，老会计，明天我们会准时参加婚礼的，不过我们坐一会儿，沾沾喜气就好了。”我试探性地告诉老会计我只是一个参加婚礼的亲戚，不会当司仪的。

“准时到啊，带着师弟师妹，明天你一定能主持得特别出色！”我的试探被精明的老会计毫无保留地揭穿了。

“别别别，老会计，你儿子的终身大事，我担待不起啊……”话还没说完。

“没事，有什么不会的上网查查就行……”老会计的话让我“哭笑不得”，心里想“老会计不是这样草率的人啊，难道真的喝多了?”于是，为了旁敲侧击，我使出了一招“曲线救国”之计，我打电话给好朋友，该村的科技农民赵亚南。

“亚南，老会计儿子结婚的事你知道不，他说找我作司仪？不会是真的吧?”我把所有的希望都压在这个知情人身上了。

“应该不会吧，村里这一套你也不清楚啊，不过也挺简单的，谁知道呢?!”电话里传来的是满不在乎，我听得却是幸灾乐祸，不过我很快的捕捉了这样一条信息“村里这一套你也不清楚啊”，所以在短时间内我将这句话在心里默念了七八遍，告诉自己明天去就好了，一定会有红白喜事专家在场主持的，一定不是我一定不是我……

第二天早上我们“如约而至”，之所以加上双引号，一方面表示我们确实出席了此次婚礼，另一方面是我们并没有准时到达，也不知道怎么的，一大早起来动作无意识地变得缓慢，好像暗示自己如果迟到了就一定不会作司仪了，到达时间比规定时间晚了 20 几分钟，中途还暗自庆幸自己的小聪明能够逃脱可能的作为司仪的这一事情，即使在这期间老会计和亚男打过两次电话催促，我也感觉不到老会计的急切，一定是他心里有底了，一定选择了专业的司仪，哈哈。

大老远就感觉到了喜庆的气氛，拱门，彩带，来往的亲戚朋友，舒了一口气，天气也晴朗了许多。

到了老会计家的院子，来穿忙(chuanmang，方言，帮忙的意思)的亲戚朋友们虽显忙碌，却有条不紊，看来万事俱备了，还没见到老会计我就开始向其他熟人打听今天的司仪在哪呢，不过大家好像都没有见到似的，不过，我隐隐约约的还是感觉到了他的存在。随后，和老会计一家人见上了面，我们很荣幸的作为婆家人佩戴上了“礼花”，于是理直气壮地踏上了前往迎娶新娘的队伍，我们四个婆家人坐上了车，摇开车窗向站在车外的老会计挥手告别，一是表示感谢，感谢他能如此的把我们当做自己人，二是表示会把新娘顺利娶回来的决心。我心里还有一个小算盘，都坐上车了，这下子司仪铁定不是我了。可就当司机收取礼烟和小红包的同时，老会计顺着车窗扔给我一叠纸，纸的颜色很喜庆，不过随之而来老会计的话让我脑袋突然大了一圈。

“照着这个念也行，只是草稿，你自己想添什么就填什么，删点也无所谓，大学生，有过主持经验，看一分钟就能行。”老会计竟然使用了“欲擒故纵”这一招，让我措手不及。我还没回过神，司机拿稳红包就带着我们出发了。

就这样，我在车上熟悉我的台词了。简直要抓狂了，也不知道是不是因为过于着急，满眼看到的都是不认识的连笔字，有些甚至就是“专业术语”么，读不通啊。看了第一遍，除了认识今天新娘和新郎的名字之外，剩下的都是“外文”，即使我们四个婆家人已经绞尽脑汁，就连新郎和新娘的名字也是通过司机才了解到的。

当时真想“壮士一去不复还”，同时还一直纳闷老会计是哪里来的这么大勇气啊，这么重用我。

迎娶回新娘也顾不上婆家亲戚的礼节了，我一个箭步冲回老会计家院子，为自己争取些时间，找到老会计从“识字班”开始。于是有了“婚庆礼仪一分钟速成”，文字倒是好理解，老会计带着我念上了一遍就基本熟悉了，不过短时间赋予我丰富的感情对自己还真是挑战。这还不算什么，因为现场的气氛足以感染我和在座的每一位来宾，难的是程序怎么办，结婚典礼的议程是怎样的，这个我真没经验啊，即使结过婚的人也记不住啊，更何况这里的风俗与家乡的情况不一定一样啊。

老会计倒是不急不慢的带着我走到院子里，一指墙上的红纸，说“看，那就是议程，大学生，看一眼就记住了。”我哪里能记住那么多啊，除了最后一项。

虽然过程稍显紧张，不过现场的气氛还是不错的，亲戚朋友们还是第一次领略“异域”婚礼程序的，按照老会计的“指示”，我添加了不少即兴的东西在里面，也忽略了一些在纸上已经写下的东西，也达到了他交代给我的“现场气氛热烈就好”的最低标准。

不管怎样，老会计已经把我定为他二小子婚礼的司仪了。

四月雪与壁蜂之死

代文龙

2013年4月19日，一场雨雪席卷了河北省曲周县相公庄村一千余亩正值盛花期的苹果园。

4月的天气就像过山车，从前几天的烈日炎炎骤降到今天的雨雪纷飞。千盼万盼中，春雨姗姗来迟，赶在去往西漳头村参加县植保站棉麦套作讲座路上的我愕然地发现落在雨衣上的不仅仅是雨水，还夹杂着小冰粒。考虑到正在盛花期的苹果会受冻，我赶紧调转电动自行车赶回村里。

回到科技小院，把温度计放到外面，我赶紧打电话给村里的苹果种植能手张景良问是否已经注意到温度的变化，他说已经注意到，但接下来应该怎么办，从来没遇见过这种情况。看了一下温度计，3℃，考虑到晚上温度会更低，会造成冻害，我赶紧打电话给全国苹果体系专家姜远茂老师寻求对策，姜老师很积极地给予了抗霜冻的措施，通过查阅相关资料得知了烟熏的具体方法之后，我及时通知了村里的张书记，让他广播一下晚上抗霜冻的消息。然后就赶到村民张景良、张宝山、张明海家告诉他们要防霜冻并商议怎样具体实施。村民们听到了广播迅速准备好工具拉好柴禾前往地里挖坑放草，准备凌晨烟熏。一时间，冒着风雪，村民们忙碌了起来。村南村北跑着的小代在村民张宝山家地里看见宝山在忙着挖坑。见到了我，他拿出一只温度计让我看，我看了一下当时的温度已经降到零度以下，就又打电话咨询山东农业大学的姜远茂老师，姜老师询问了当时的情况后回答道“既然已经到了零度以下，夜间的温度会更低，烟熏基本起不到效果了；此次降温并不是很急，经过前几天的锻炼，苹果花已经增强了抗冻的能力，加之降温伴随着雨水和雪，并不是干冻，聚集的水珠会起到保护花朵的作用，所以建议不必熏烟了。但是提醒要做好明天的除雪，尽量不要再进行疏花疏果工作。”我跟张宝山讨论了一下，决定不再熏烟了。于是我又跑到已经做了准备的农户地里告诉他们不要熏烟了。就这样，忙活了半天，折腾了半天，到最后也没实施。

晚上我在村民张景良家吃的晚饭，吃得心里没底，白折腾了一顿还蹭人家一顿饭。张景良告诉我：“其实没什么，科技小院三年来为村民、为果农做了那么多，出发点都是好的，有了这一次的经历，以后遇见了类似的情况，就能够很好地处理了。科技小院在这为农民实实在在的做好事，农民打心眼里欢喜。”

我感慨地说：“作为这次抗击霜冻的指挥者（虽然最后没能实施下去），我真真切切地感受到了农民对科技小院学生的尊重与爱戴，当你为农民排忧解难做着实事，当你看着农民心甘情愿地照着你说的去做的时候，你就会体会到你存在的价值；虽然你会弄得满身泥水，虽然你随时有在泥路上摔倒的危险，虽然你会推着堵塞住的电动自行车恨不得扔到一边，但是为了这份真诚，为了农民会心的笑容，我愿意实实在在地做下去。”

◎ 叶片上的雨水与冰粒落满园的雪

作为传统苹果种植村的河北省曲周县相公庄村拥有一千余亩苹果园，苹果的授粉一直靠老天帮忙。2010 年，科技小院入驻该村并成功地从山东引进了壁蜂授粉技术，有效地解决了因授粉不匀造成偏果和畸形果的问题，也提高了花絮坐果率。然而两年之后，果农们发现从壁蜂管里剥出来的壁蜂数量越来越少，壁蜂管里本应该是壁蜂的地方却只有一团花粉，找不到具体的原因，果农们只好将这解释为天气不好、花粉质量或者是农药导致的。

2013 年 4 月 25 日中午 11 点，一个偶然的机会，我在果园里观察壁蜂活动的时候发现放在果园里的每个壁蜂巢的附近都会有两三只胡蜂在周围活动。经过细心观察又看到，胡蜂会趁壁蜂出巢的时间钻进壁蜂管并很快就出来，伺机再钻进另一个壁蜂管。如果和回巢的壁蜂相遇免不了就是一场扭在一起的厮打。我不禁想到了动物世界里看到的一种寄生蜂，通过产卵在活的昆虫体内进行下一代的繁育，蜂卵在成长中就会将寄主一点点地蚕食掉。那该不会是胡蜂将自己的卵产到壁蜂卵附近并在成长过程中胡蜂的幼虫将壁蜂的幼虫吃掉了，从而留下了本来作为壁蜂幼虫食物的花粉呢？亦或是胡蜂在这坐享其成取食壁蜂卵呢？

两个多月之后的 7 月份，我剥开壁蜂管观察，只看到了壁蜂的幼虫，花粉也被壁蜂的幼虫吃掉了一部分，然而却没有看见有胡蜂的幼虫，也没有看到有死亡的壁蜂幼虫，但是有几个完好无损的花粉球附近并没有幼虫。

三个月之后的 10 月份，再次剥开壁蜂管观察，也只有壁蜂的成虫而没有发现胡蜂成虫，有壁蜂成虫的地方已没有花粉，还是有几个完好无损的花粉球附近没有壁蜂成虫。

所以结果也就出来了——“是胡蜂成虫坐享其成，趁壁蜂外出的时候吃掉了壁蜂卵”。

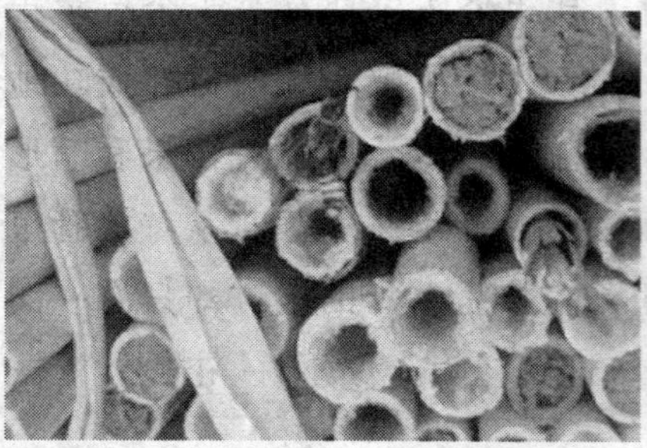

◎ 胡蜂“入侵”

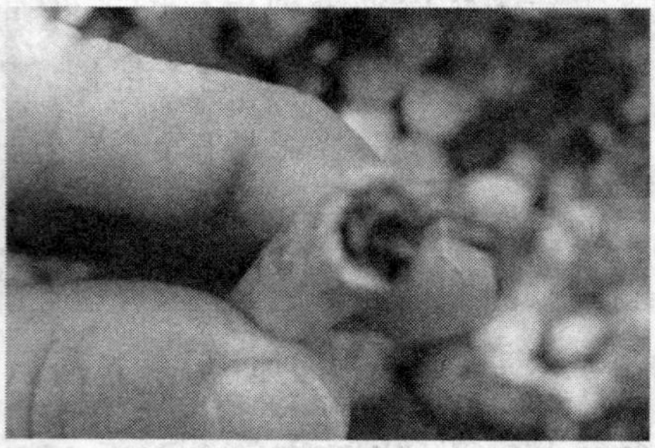

◎ 壁蜂被咬掉肚子

精神的力量

方　昭

张桂兰，一位爱说爱笑的大娘。我跟她相识是在一次农民培训会上，她说自家玉米苗的叶子全都卷曲了，长势很差，让我们帮忙看看。

那是一个酷暑难当的夏日，知了不停歇地发出刺耳的叫声，农民朋友们也都撂下了手中的活儿坐在树底下拉家常，孩子们则嬉笑打闹、你追我赶，好不热闹，幸福的笑声传遍了整个巷弄。偶尔能见到一群人围成一堆，聚精会神地低下头注视着什么，好奇心促使我前去探个究竟。于是我挤进人群，发现两位年事已高的大爷正襟危坐，屏气凝神地思考眼前的那盘象棋。正是路上随处可见的农民，我和伟丽一路打听，才找到了大娘的家。

一座简单古朴的院落，小小的两扇木门前挂着一把铁锁，大娘还没回来。于是我们就和邻家门口闲坐的人们聊了起来，他们知道我们是科技小院的学生，很热情地跟我们唠嗑。原来大娘今年已经 75 岁了，子女们都在外地成家立业，自己除了照看家里的 5 亩地，每天都会陪她 80 多岁的老伴去菜市场卖菜籽，身子骨很硬朗。邻居们也都竖起大拇指，对她一片赞叹钦佩之声。正聊得起劲的时候，只见张大娘开着一辆三轮车气势汹汹地向我们驶来，那风度绝对不亚于一个年轻小伙子。当时我就惊呆了，在我的家乡，75 岁的老人是尽享天伦之乐的，也没有那样好的身子骨下地干活。她一见到我们，又开始笑呵呵的，说没想到我们还真来了。

打开那扇小木门，院子里种满了各式各样的瓜果蔬菜，沉甸甸挂在枝头的硕大桃子、争相绽放的紫色茄花、已经成熟的豇豆条、夺人眼球的黄瓜花，还有那刚刚才出土的香菜叶，景色美不胜收，看着就心生愉悦。大娘说平时在家没什么事，就爱种这些。走进里屋一看，眼前的一幕让我终生难忘。简单的陈设，凌乱的摆放，没有一件像样的家具，真的是家徒四壁。我的眼眶湿润了，以前在电视里见过很多贫苦的人家，但是此时，那样艰难的生活展现在我面前的时候，心如刀绞。眼前的这位大娘，全然不为自己的贫寒而感到沮丧，特别热情地跟我们有说有笑。当时正好碰见一位大姐上她家买菜籽，我就站在一旁看了一会儿。一包菜籽最贵的只有 3.5 元，其他的也都是 0.5～1 元左右，那位大姐付了五元就拿走了很多包菜籽，我心想，这么便宜的菜籽能赚到钱吗？我很想知道大娘平时都靠什么过活的，可最终我还是没敢问。最后她还留我们在她那吃饭，被我们婉言谢绝了。

大娘这种对生活的热忱和积极乐观的心态深深打动了我。其实在农村，还有很多像她这样的人，平凡的生活中散发着不平凡的精神力量，感动着我们每一个人。

◎ 张桂兰大娘和她的家

跟妈妈讲科技小院的故事

冯 霞

与科技小院的结缘是一个偶然，至少在我考研报名时这里还是我并不知晓的一方天地，而正是这个神奇的地方，让我在2013年完成了一个华丽的蜕变。依稀记得第一次接触到科技小院的惶恐与不安，考研名次的不如意更加深了我对科技小院的抵触，故事的开始似乎并不是那么顺利。而科技小院就像一个大蚌，等你真正进来之后才会发现她的精彩。

这是2014年春节我在家跟家人讲述我的成长时说过的话，爸妈对于我这个长在城市里的小丫头在农村发生的事情很感兴趣，我也就絮絮叨叨地给他们讲起了张庄的那些人、那些事还有那些花花草草、蛙鸣星空。

饭后一家人喜欢出去走走，而我最喜欢黏在妈妈身边，跟她拉点家常，说说心里话。

妈妈拉着我的手心疼地问："这一年在农村苦吗？"

"还好啊，那里的空气质量好，人也朴实"，我不假思索地回答道。

妈妈继续好奇地问："那你在那里都干些什么？"

"很多事情啊，每天都有不同的尝试，有时候下地采集一些数据样品什么的，有时候还接待个外宾，有时候在露天给农民做个培训，我还到当地的小学做过支教呢，反正没闲着。"我边走边神采奕奕地说着。

"你还给孩子上过课啊"，姐姐惊讶地回头问道。

我不好意思地挠头说:“支教那个是业余的,我们主要还是给农民上课。”

“你还能给农民上课,你从小就没种过地,你会吗?”姐姐继续一副不相信的样子看着我。

“其实一开始我也害怕,但是这是我的专业啊,再说了,教学相长嘛,我也跟农民学呢。”

“我在一次日志里看你一个人办了一场观摩会,给我讲讲呗!”妈妈插了一句。

“哦,你说的应该是10月份我办的那场2013年曲周县双高基地张庄科技小院夏玉米高产高效现场观摩会吧。”谈到这些,我的话匣子也一下打开了。

“那场观摩会我还真是印象挺深刻的,因为当时金树杰同学不在小院,而为了更好地扩大我们双高技术的影响力,我思来想去还是办了这场现场观摩会。一个人办活动还真是有点心里挺没底的,就怕出错。”

“那当时来的人多吗?”姐姐好奇地问。

“不少啊,回去我给你看看现场会的照片。”

“那你这个现场会都讲些什么啊?”

“当然是双高技术啦,我选了我们示范方的一个优秀示范户,在他家地里开的。”

“那你这个示范户今年玉米打了多少斤？比我们这边多吗？”妈妈追问道。

“他家今年一亩地玉米打了 1 600 多斤，我不知道是不是比我们这边的不少农户高，但是跟村里其他人比高了不少呢！”我自豪地说。

“那你这行啊，指导出来个高产户。”妈妈欣慰地说道。

“但是我们的目标是用这个高产户带动其他人，让大家都用我们的高产技术，所以我在他家里开了这个现场观摩会，让高产户以身说法，当时来的人不少，我还请了我们基地的刘全清老师一起给农民做现场培训了，也是给自己壮壮胆子。”

“哈哈，这个主意不错啊！你们主要讲什么啊？我也听听，看看我会不会，”姐姐上前凑热闹地问道。

“那我举个最简单的例子吧。这也是农民记得最快、用的最好的一个技术，玉米晚收技术。玉米成熟呢有三个判断标准，一是苞叶变白、二是乳线消失、三是黑层出现。这个时候我们一般都是从地里掰一个玉米现场演示给农民看。”

“那这个玉米晚收有什么好处呢?”妈妈问了个农民都比较关心的问题。

“妈,还是你比较专业,农民问的最多的就是这个问题,根据我们前几年的实验数据发现,每亩玉米晚收一天就能多收 10 多斤,这一户感觉不出来,但是整个村将近两千多亩地,那要多收多少粮食啊,所以这个技术还是很值得推广的。”

“那你这个技术推广的怎么样啊?”妈妈问。

“这个技术其实去年就推过了,当时是跟着师兄后面学着怎么向农民讲解技术,不过今年特别高兴的是有一个农民在现场会的时候主动为我们做宣传呢,他拿着玉米跟其他人说他家去年就是听了我们的这个技术,晚收了几天,这个收上来的玉米磨出来的玉米面特别甜,特别好喝。当时听到那个老农民的话,我眼泪都快下来了。”我越说越激动。

“那你们工作开展的不错啊。”

“因为这个技术简单,所以效果还不错,但是像什么水氮后移这种技术复杂点的就比较难推广了。”我诚实地说道。

“那你现场会上还干嘛了?”姐姐还是很好奇。

“这个现场会嘛当然要办的热闹一点活泼一点啦,为了吸引群众,我还准备了有奖竞答啊。其实也是为了让大家更多的记住这些高产高效的技术。”

“什么奖品？什么奖品?”姐姐急切地问。

“洗衣粉啊什么的，提到奖品你眼就发亮，服了你了，”我略显鄙夷地看了她一眼后继续说道，“这个方法也不错呢，原本觉得大家会贪图小便宜就为了几袋洗衣粉，后来发现大家对我说的问题的本身最感兴趣，我的问题成功吸引了大家的注意力，没多少人去在意那几袋洗衣粉了。后来我们的中秋晚会上我也放了几道一样的题，大家一下子就回答出来了，很开心。”

“你这有点当老师的潜质了，哈!”姐姐坏笑地说道。

“老师谈不上吧，不过村里的人现在都叫我冯老师呢，哈哈!”我得意地笑着。

“你准备这个现场会花了多长时间啊?”妈妈问道。

“这个现场会要4、5天左右吧，因为是一个人，要做的工作比较多，但是2、3个人的话会更快一点。”

“这么快啊!”姐姐惊呼道。

“刚开始办这种活动的时候要花很长时间，后来慢慢熟悉了就快多了。现在我能3天左右办一场村级联欢会，信不信?”我调皮地看着姐姐。

“我才不信呢!”姐姐上前跟我打闹着，妈妈慢慢在后面走着，我隐约听到她感慨道：“女儿这一年长大不少啊!”

那些嫂子们和孩子们

胡芙蓉

2013年7月16日是我参与范李庄村“三八”科技小院工作的第一天。这天我和雯雯跟随田静师姐来到了王九菊大姐家里。之前早就通过各种途径了解到了很多关于王姐和“三八”科技小院的故事，所以这次过来心里也在一直琢磨要亲眼看看这个所谓的“明星科技小院”到底是什么样子的。

师姐说今天的工作主要是帮助大家排练“三八科技文化宣传行”的节目：三句半和歌曲《红色娘子军》。在排练三句半的时候，我们先把台词发给了要表演的四位嫂子，可是还没等我们开口讲话，这四位嫂子就已经迅速分好角色投入到了表演的状态了。只见四个人对了一会儿台词后有人说到“咱光这样对话也太无聊了吧？铜锣呢？铜锣在哪？九菊，快把家里的铜锣拿出来让我用用！”这是张连芹嫂子的声音。

就这样又过了一会儿，又有人说到“不行！不行！还是不行！这样还是太单调，关键要把观众逗乐了才行！咱每句台词说完后都各自加个动作吧！做的不仅要合拍还要风趣些！”苗春莲嫂子像一位专业指导老师似的边说边指挥道。

就这样大家你一言我一语的，全凭她们四个人把这个三句半节目演绎的绘声绘色，我和师姐当时是一句话也没插上，同时也被嫂子们这样一种开朗活泼的精神面貌所震撼！

三句半排练完，我们又开始了“三八”科技小院的院歌《红色娘子军》的排练，从师姐手中接下这个任务我也是信心满满，相信只要我耐住性子一遍又一遍地重复教唱，还害怕嫂子们学不会吗？

“芙蓉，歌词给我们多发几份，我们先熟悉下！”苗嫂子对我说道。

“好的！好的！大家拿到歌词后先跟我一起唱一遍。”

教完一遍后，还没等我开口说话，只见苗嫂子和另外一位嫂子站了出来，两人举起演奏家那样的手势，对着大家说：“我们一起打拍，你们跟着唱啊！注意节奏！”……“不对！不对！你这句话唱的慢了，要注意节奏，快点！”苗嫂子对张连芹嫂子说道。

“你这点也不对，这句话应该声音稍微拉长些，你唱太快了！”苗嫂又对着另一位嫂子说道。

就这样，我的角色由最初的音乐老师退居成了一位观众。因为自己是第一次来到“三八”科技小院，所以面对这样一群虽然身处农村，但是精神面貌确极好的妇女们，我真的是深深的被震撼了。她们和我之前见到的农村妇女真的很不一样，我印象中的农村妇女，她们家庭地位低、没有主见，缺乏自信，也没有任何娱乐活动可以去参加，可是这里的嫂子们，她们的自信、大方、美丽、善良，确实深深地震撼了我，我打心底里觉得她们是一群最美丽的人！

在这一群开朗活泼的嫂子中间，我要重点讲一下我和苗春莲嫂子的一个故事。

这天，我要在“三八”科技小院搞一场农民技术培训，内容是舞蹈《开门红》，由于之前并没有怎么接触过舞蹈，心里很担心，不知道自己跳得好不好，也不知道自己能不能够教会大家，嫂子们会不会听我的。这样的种种压力让我很不自信。

刚开始教的时候，师姐怕我控制不住场面，和我一起教了一会儿，然后师姐悄悄对我说：“芙蓉，交给你了，加油！”

就这样，我虽然心里很害怕，但是依旧鼓励自己一定要坚持下去，就按照自己的方式好好教就行，一定要耐住性子，不能慌，要鼓足勇气。

时间一点一点地过去，终于教完了……

“芙蓉！跳得真好！很轻盈啊！”不远处，苗嫂子竖起大拇指对我喊道。

由于当时心里还是很害怕，也不知道自己教得如何，还不知道嫂子们是怎么评价我的，所以面对苗嫂子突如其来的一句称赞，我显得有些手足无措了：“嫂子，您没骗我吧？”

“骗你干嘛？我说的都是真的，以后常来小院教我们跳舞！”苗嫂子笑容满面地对我说。

听到这些赞扬，我突然很想哭，可能是我太过激动了吧！参与科技小院工作这么久了，还从来没有得到过大家的认可，自己只是尽力去干，完全不知道大家的评价是如何的，现在听到苗嫂子的称赞，我突然就觉得自己所付出的一切努力都是值得的，打心底里也更加坚信有了大家的认可，我一定会尽全力将“三八”科技小院的未来打造得更加辉煌！

◇“三句半”排练中

◇《红色娘子军》排练中

在科技小院工作的这段时间里，我还注意到了这样一群可爱、天真的孩子们。

这一天，我正在忙着写手中的“明白纸”，主要是针对玉米大喇叭口期田间管理的。就在这时，苗春莲嫂子的外孙女妍妍走了过来，她似乎对我写的字很好奇，就一直看着我写的内容。起初我还以为小家伙来找我玩了，可是我发现很长时间了，她还站在我旁边。于是我问："妍妍，你想写字吗？"妍妍听到后，先是笑了笑，然后使劲地点头。

我感觉到孩子的求知欲很强烈，后来我向苗嫂子了解到，妍妍目前是由母亲照看，没有送到幼儿园，平时也很少教她识字之类的启蒙教育。

还有一次，是我开展舞蹈培训的那天，一排小朋友们坐在我们跳舞队伍的对面，看着我们跳，她们也很开心，很久不离开。

"小朋友，你会跳舞吗？"我问其中一位小女孩。

"不会，姐姐，你们跳得真好！"小女孩用很渴求的眼光看着我。

"那你想学跳舞吗？"我又问她。

"嗯！姐姐，你能教我们吗？"

看着她们很渴求的眼神，我突然觉得似乎我们的确忽视了这样一群孩子，他们的求知欲同样很值得我们关注，目前在农村，孩子们都是等到7岁的时候直接送去学校，平日节假日里就算有的家长想把孩子们送到补习班，但是苦于村里条件跟不上，还没有开办这样的补习班，所以很多孩子即使有很强的求知欲，或者说有的孩子想学习唱歌、跳舞或者画画，也会因为村里没有这样的条件而被家长所忽视。

孩子们是活泼、天真、可爱的，母亲的幸福也是绝大部分取决于自己的子女的，所以我想在关注农村留守妇女的健康发展的同时，也多多关注这样一群充满求知欲的孩子们，我们可以每一周为她们开设一节课，教他们识字、唱歌或者跳舞，让他们的生活也充满乐趣、充满欢笑。

母亲的安宁和幸福取决于她的孩子们，母亲的幸福要靠少年儿童去创造。相信未来的"三八"科技小院会通过关注妇女和儿童这样一个特殊群体去进一步拓宽发展道路，明年的"三八"科技小院将不仅会出现一大批关于农村妇女的感动故事，而且也会出现一大批关于孩子们健康成长的故事。让我们大家拭目以待……

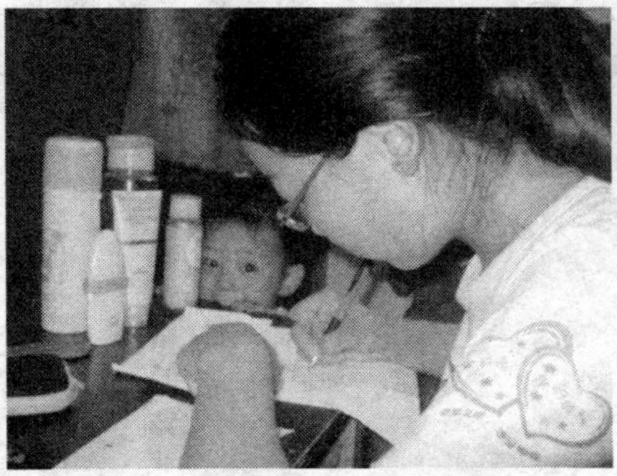

◎ 充满求知欲的妍妍一群小观众

◎ 爱唱爱跳的孩子们

农民学员耿秀芳:从0到1

黄成东

嘀嗒嘀嗒,墙上挂表的秒针像是宋丹丹小品中所说的下蛋公鸡练签名的“咔……咔……”声一样,对于一般人来说,下午2点到3点40这期间的100分钟只是人生所有时间沧海中看不见的一粟罢了;对于绝大多数参加我们农民田间学校入学考试的农民来讲,这100分钟就像是他们在自己家里浇了一亩地;而其中一个人对这100分钟特别无所适从,她就是年过五旬,初中毕业却很难写出几个字来的,在后老营是最普通不过的一名农村妇女——耿秀芳,这100分钟对于她来讲就像是一毫秒一毫秒地“煎熬”过来的。

当其他19名农民都在埋头填写自己的入学试卷时,只有她一人是抬头左顾右盼;当其他人都很淡然地走出村委会的办公室时,只有她一人愁云满面,不知是对自己的试卷不满意,还是对加入田间学校的一种深切的渴望。

这是发生在我们师生驻后老营科技小院8个月后的2010年12月12日下午100分钟当中所发生的一些细节。对于我们来讲,这次活动拉开了科技小院更好开展基层农业科技服务的新篇章;对于这些参加考试的大多数农民来讲,这是他们通往科学技术学习捷径的通行证;对于耿秀芳来讲,可能是她人生当中最艰难的一次考试。

为了更好地利用驻村优势,我们开始从全体村民中选出优秀农民作为我们的田间学校学员开始长期的培养,让这些学员学到整套的高产高效技术,让学员作为农业技术推广力量的一部分,给农民传播技术。这相当于是农民与农民间的技术交流,能够充分发挥农民自身的优势,实现技术的更好传播,而且这部分学员将来可以作为村域农业技术推广的骨干力量,在未来村域农业发展当中起到关键作用。当然,筛选出来的学员必须具备一定的条件:(1)经常在家种地,便于我们经常开展培训和组织田间观摩;(2)具有一定的文化水平,识字并具有一定的写字能力;(3)热爱农业,喜欢学习科学技术。我们招收学员的时间是在2010年12月12日上午,听到要建立农民田间学校之后,农民们像是蜜蜂采蜜似地扑上来抢报名本,这让我们看到了农民们的积极性,再次切身体会到他们对于科技学习有着很大的兴趣,而且他们觉得能够跟着中国农业最高学府的老师、大学生和研究生学到真正的技术,相当于是自己也上了一次大学。看到他们这种为了学习知识近乎"挤破脑袋"的劲头,我们很享受也很激动。我们有了自己的学校了,自己也能当老师了,当然我们的技术有了更好的用武之地,能够将整套的技术在更多的农户地里实现了,不过身上却承担着更多的责任了。

经过一番"哄抢",我们的报名本上记录了32名农民,但是考虑到田间学校是重点培养学员规模不宜超过20人,规模过大不宜管理。所以我们还得从中筛选,择优录取。那么以什么标准来考察农民呢?思来想去,还是准备一次入学考试吧,一共是五道大题,全都是生产问题,而且都是围绕正在种植的冬小麦开展的,看看大家种了至少20年甚至50年的地,对于科学种地到底知道多少,自己照料了一辈子的麦田到底是怎么管理的。实际上这就是一次摸底测验,掌握下每名学员的功底,以便于将来安排上课内容和难易程度。一切准备就绪,就等考试开始。村支书李振海通过大队喇叭通知大家抓紧时间到科技小院参加田间学校入学考试,经过短暂的等待,来了只有20人,看来不少农民朋友以为只要报名就能参加学校,不需要经过其他手续,听到还需要考试才能入学的信息之后,不少农民们退缩了,来的20人当中不乏没有经过早上报名手续的。

100分钟的考试很快就结束了,有人高兴有人愁。批阅了收上来的试卷,同样的题目答案五花八门,有的答案让人捧腹大笑,有的答案让人实在想不通,有的整张试卷只留下了名字,没有其他任何字句;而其中一份试卷,着实让我们大吃一惊,也给我们提出了一个难题,这份试卷就是开头提到的年龄已经超过50岁的耿秀芳的试卷,发试卷的时候是一张洁白的只有5道题的A4纸,经过100分钟的答题之后近乎洁白如初,只不过是在试卷上多了一个字而已,这个字就是让我们很感到吃惊也让我们难为的字——耿,"耿秀芳"的姓,这样一个连名字都不能写全的农民,到底应不应该进入我们田间学校?

通过这次考试我们也确实看到了后老营农民的科技素质,看到了他们的潜力,看到了他们的激情,这一切缘于对科技的强烈需求。参加考试的只有20名学员,符合我们预期的参加人数,所以我们一个也没有淘汰,在适当规模下,人数越多,可能将来能够培养出更多的优秀科技农民。当然这其中也不乏人情的存在,毕竟我们在村开展工作快一年了,村里各方面的感情基础也已比较扎实,村民们认可我们,经常跟我们聊天请教,给我们送菜送瓜果;我们与他们同在一个村、抬头不见低头见,我们在村工作是跟村干部一起合作的,而村干部跟村民们经常打交道,也不愿意拒收学员,所以从人情的角度出发,我们也算是为自己留了一条人情路,只是心中隐隐有一丝担心:以她的试卷表现到底能不能承担起农业技术推广的角色?会不会成为我们田间学校的"拖腿兵"?这种担忧持续了很久,直到正式上课那一天,这种担忧加剧了。

◎ 田间学校开班典礼

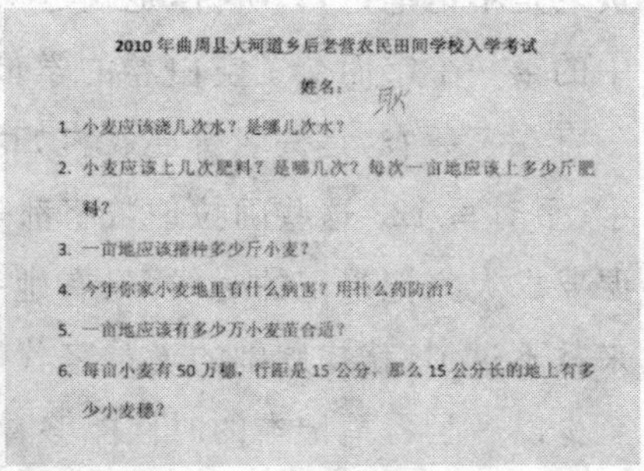

2010年曲周县大河道乡后老营农民田间学校入学考试

姓名: 耿

1. 小麦应该浇几次水?是哪几次水?
2. 小麦应该上几次肥料?是哪几次?每次一亩地应该上多少斤肥料?
3. 一亩地应该播种多少斤小麦?
4. 今年你家小麦地里有什么病害?用什么药防治?
5. 一亩地应该有多少万小麦苗合适?
6. 每亩小麦有50万穗,行距是15公分,那么15公分长的地上有多少小麦穗?

◎ 耿秀芳田间学校入学试卷

正式上课了，有熟悉的面孔，但更多的还是陌生的，学员们分布于村里的五个村民组，居住地也很分散，这虽然为我们今后通知学员上课带来了一定的难度，但也为我们更好地宣传双高技术提供了便利，相对分散的学员能够带动更多的周边邻居参与到双高技术运用中来。课堂上有时候需要做笔记，我们的学员学历相对较低、年龄较大，有着一定的识字能力，但书写能力比较弱，而且科技素质参差不齐，再加上家里事比较多，对于好多知识当时记得住，时间长了可能就忘得一干二净了，俗话说得好，好记性不如烂笔头，所以要加强他们书写能力，为每位学员配备了一本笔记本、一支笔，要求他们上课必带。

夏天的晚上上课时但讲的知识内容相对较多，而且以生产要点为主，需要将重点技术内容记录到笔记本上。正常一堂课也就一个小时，可为了能够让大家记住这些知识要点，要求大家都要在笔记本上抄些一遍的，这样一堂课下来就需要 2 个小时以上。上课时有些学员记得特别快，有一些特别慢，字也写得扭扭歪歪，而且错别字不少。还有一些学员带着自己家孩子，由孩子来抄。这样的情形让我们很感动，但同时让我们思考一个问题——如果只是让孩子来抄这些技术知识，那学员能从中学到什么呢？他们也许更多的是来听听课，为了完成记笔记的任务和带孩子的家务才来学习的，这样可能达不到预期的学习效果。对此，我们还是狠下心来定了一条纪律：上课期间不准带孩子。学员们都遵守了，自己主动学习的意识也加强了，局面慢慢地开始朝我们预期的目标靠近呢。有一位学员老是不记笔记，只听讲，她就是我们上面提到的入学考试时只写了姓名中的第一个字而交了空白卷的学员——耿秀芳，年龄 50 岁，初中毕业后一直在家务农，是一名普通农村妇女，十几年来很少写字，只是认识一些字，平时写 123 这些阿拉伯数字都是慢腾腾的，写得七上八下的。每次上课要求大家记笔记的时候，只有她一人不动笔，记录本上一直是空的，后来熬不过了，就找周围的学员来代写，刚刚开始我们也认同了这种方式，至少以后翻看笔记本的时候能够看到一些知识点的；后来我们发觉，学习知识这种事情不能让别人代替，找别人代替了自己又能学到什么呢！为此我们狠了下心，逼她写字，让她慢慢练、慢慢写，每次写一点。刚开始很艰难,写一个字可能需要好几秒,每次上课的时间拖得很长,本来一堂课只需要1小时就可上完,但学员们抄笔记的速度很慢,尤其是像耿秀芳这样一笔一画地写,想写好的学员写起来更是有点蜗牛爬坡的感觉,一堂课至少需要2小时,不少课需要从晚上8点上到近深夜11点钟。万事开头难,好的开始是成功的一半。上课时间越长,字写得越多,熟练程度就越高,识字能力和书写能力也逐渐增强,笔记本上慢慢地多了一些东西,她上课的劲头也越来越大。虽然记得慢,但是扭扭歪歪的字出现的频率显著减少了,她也对田间学校充满了热情。看到这样的现象,当然我们比她还要兴奋,就像是播下的种子终于冲破了泥土的束缚从土壤里刺出了嫩叶,就像是婴儿第一次独立站起来时家长特有的激动和兴奋,就像小孩子上学从零开始学起——毕竟起步了。这是从0开始,我们希望她能够有更大进步,不但能"写"出来,而且还能"写"好。

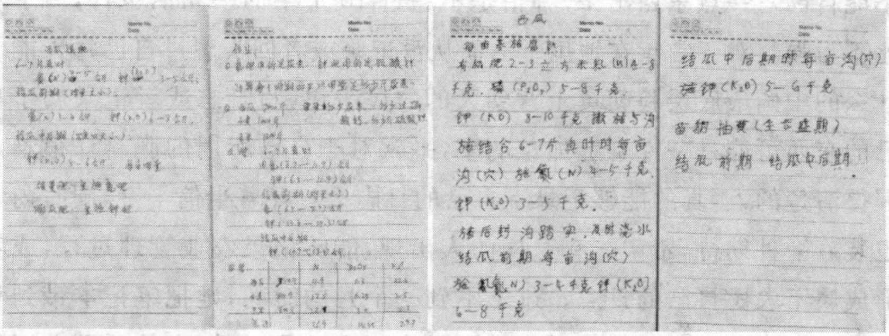

◇ 耿秀芳笔记(左为找人代抄写,右为自己抄写)

有一次耿秀芳找到我说"小黄,你能不能把上次上课那个瓜苗嫁接的课件给我打印一份?我好回去记在本上,以后我还能看看呢。"我当时没有想太多,立即打印了一份给她,她有需求我做好服务就行了。她真得会抄么?这个问题好几天都萦绕在我心头。过几天后,我打开她的作业本一看,最后写上去的全是课件上的内容,写得都是很大的字。这是农村人写字的最大的特点,字大了方便看,字迹也很工整,没有一笔勾划过的痕迹,即便对于我们这样念过多年书的研究生来讲,抄写这么多的内容,没有涂抹的笔迹,那也是相当难的,更何况是一名50多岁从零起步的农村妇女呢！似乎她生怕自己写错一笔而在那漂亮的笔记本上留下涂抹的潦草，哪怕是小小的一笔，也会觉得特别心疼，特别可惜。这是农村人朴实生活的一面，也是对生活完美追求的一种态度。我能够深切地体会到她花费了好几个小时来记录这些内容，是用心在写，她是真的想学这些技术，真得希望能够让别的学员看到她不比别人差，而且会做得更好。看到这里，我们自己都在努力想着如何能够进一步提高她的综合素质呢！一次在地里干活聊得尽兴时，我就随便说“你这样吧，每天写一篇日志，每天100～200字，就把你每天在地里干的活写下来，你看中不?”她带着半方言半普通话的语言回答道:“不中，你这字数太多了，我写不了，没那么多写的，我认得字太少!”我就妥协了一下，“那就50～100个字，你看怎样?或者你每天写个‘小黄是个大坏蛋’也行!”这一下把她逗乐了，也很爽快地答应了，其实当时就是做一个试验，看我们的农民田间学校学员到底能不能自己写一点东西出来，哪怕是不超过10个字的一句话也行，写了总比不写强。对于常年在地里干活而从没记录或者回头想过自己每天能干什么的中国最底层脸朝黄土背朝天的农民来讲，写日志或者记录属于自己的东西可能是一件难上加难的事，平常对于自己所用的肥料都很难掌握得清楚的人，真的能够记录下自己的日志么？怀着半信半疑，同时内心也装着一种期待，希望能有这样的人出现，能够记录农业管理过程，或者形成属于农民自己的日志。过了不到一个月的时间，她把笔记本带到科技小院，问道:“小黄，你看看我这写得中不中?”我一看，有的一页上记录了2～3篇日志，写得话语较多，每篇有个四、五十字，有的一页上4～5篇日志，写得不多，只是一句话十多个字的简单的记录，而且不少语句中有一些错别字或者语法问题，这是难免的，这是一种“原生态”，她就是把自己内心想说的话都用最直接的文字表达了出来，加上方言存在着不少可能难以用现代汉学表达的字，其中不免有一些问题。我想这些错误不要紧，重要的是一个十几年没有写过字只知道在地里干农活、回家做家务的50多岁的农村妇女，能将我的一句话当真，虽然没有几篇，却也很清晰地表达了她每天在地里干的活，错别字几乎成篇，但足以让我们感到她的可爱了。我的内心有许多说不出的话，只是感觉阵阵狂喜涌上心头，看到了我们培养的农民田间学校学员有进步了,能够自己动手写简单的属于自己的东西了,这是一种质的飞跃,实现了从0到0.5的跨越。有一次在科技小院干活的时候,她看到一沓印有“曲周县大河道乡后老营村村民委员会”的信纸,就问我“小黄,你能不能给我一些啊?”我当时给了她但感觉很纳闷,心里在嘀咕“要这干什么,平时也不写信的,有什么用呢?”三天后,她带了两张纸找到我,上面写了四天的日志,有不少曲周话,我是边猜边联想地读下来了,字数明显比刚开始几篇日志多了,差不多100字,这样我们最初的目标达到了,顿时感觉在农村给他们上课是多么开心的一件事,有时候觉得比中了500万元大奖还要兴奋,那种成就感在我心里油然而生。这种快乐和幸福感不是用金钱能够买来的,500万元能够买来很多这样的信纸,但是500万元也很难买来这种快乐和幸福,不管是对于我们还是对于耿秀芳来讲。在拿来的信纸周围密密麻麻地写了半圈字,看着一个又一个相互间没有任何关联的字详细一问,才知道她是在看电视的时候,看着电视剧出现字幕了,有哪些字自己不会,就记下来,便于今后书写,我心里又是一阵狂热的喜悦。在地里干活的时候她也会咨询我一些字,问问这个“地膜”的“膜”怎么写啊,让我给她写到一张小纸片上装进衣服兜里,回家继续学习。类似这些农活中经常遇到的字她都会问个遍。电视上和课堂上的字虽说比较多,但是能够长期让她记录下来的可能是少之又少的,后来我们就送给她几本关于小麦、玉米、西瓜生产实用技术的书籍,鼓励她照着书籍记录,这是一个长期的“浩大工程”,到目前为止虽说没有完成一本书的记录工作,但是笔记本已写了两本了,字是练得越来越漂亮,写得速度越来越快,知识积累得也是越来越多,比起当年入学时的情况已经是有着极显著的进步了。这是我们所希望看到的,也是她自己的进步,带着这份进步的快感,她的生活充满了更多地乐趣,同时也迎来了我们的又一次挑战。

2013年的6月,是小麦抢收玉米抢播的忙碌季节,老试验的采样和新试验的布置集中到了一起,日程是排得满满,恨不得黑天当作白天使,一天当作两天用,工作量大不说,在这关键的农业生产时期,找人帮着打理这些事情都难,农户们都是在自家地里忙里忙外的,早上天没亮进去晚

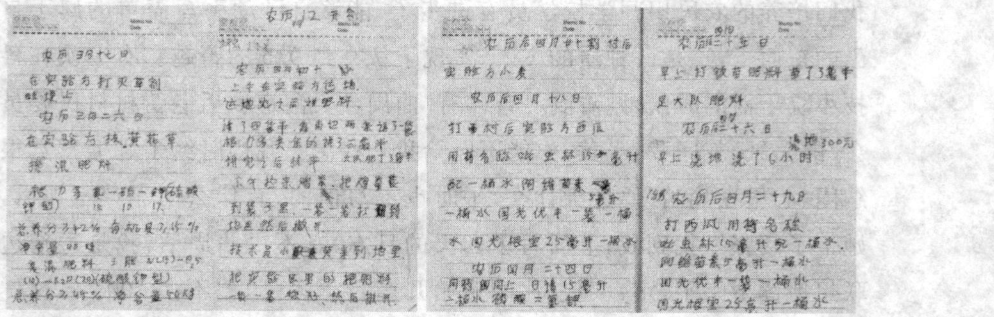

◈ 耿秀芳写的日志

上天不黑不出地，而且能找到让我们放心的农户处理一些试验更是难了，但凡事都有轻重缓急，顾得了一头就不能再去多考虑另一头了。为了更好地发挥小麦/西瓜/玉米体系的最大生产力，需要对玉米品种优化，我们开展了玉米品种筛选试验，6 个品种，4 次重复，随机区组排列，一共是 24 个小区，每个小区 15 米长，这个试验就安排在了耿秀芳家的地里，既然在她家地里，就由她来安排吧，一方面是锻炼她的能力，看她作为田间学校的一员，究竟能不能帮助我们这些研究生完成试验的布置，减轻研究生驻村开展研究的压力；另一方面，利用学员的积极性和对科学技术的需求，由学员作为试验任务的主体人员在自家田块做同田试验，搞技术研究，这样能够更好地加深学员对于技术的采用率，同时给研究生腾出更多的时间和精力来完成更重要的研究。6 袋种子和 1 张 A4 纸打印的小区布置图，给她派了两名帮手，由她主持了这次品种试验的布置，她有些无所适从，怕搞砸了没法给我交待，这毕竟是科学研究试验呢，怀着极度的忐忑，其实内心可不想承担这项“任务”了，我也极力安慰她，成不成功无所谓，就当是一次练兵了。从 6 月 21 日播种到 10 月 14 日收获的这 114 天期间，我没有去地里插手。10 月 14 日这一天开始收获了，带着小区图和采样所需的工具从头开始采样，完全出乎我们的意料，试验布置得特别漂亮，没有出现任何错误，小区与小区的边界很清晰，每一个品种都在试先设定的位置上，株行距掌握得不差，看到这样的试验由一个普通的农村妇女完成了，而且是完成得很漂亮，打心底佩服他们的能力，他们的敬业更是对农业技术强烈需求的一种表达。

◎ 耿秀芳和她的试验玉米

每一个学员都很珍惜在田间学校的学习机会,每次在村里遇到打招呼都是“黄老师好!”“黄老师去哪儿了?”,这些问候的话,都免不了要带着“黄老师”三个字,让我倍感温暖,也确实体会到了学员们在这个集体里是温暖的、幸福的,他们尊重知识,尊重我们这些算不上老师的辅导员,把我们当作他们学习技术的老师,把我们当作他们地里庄稼的园丁,我们也希望能够有更多像耿秀芳这样积极学习的农民涌现,能够实现从0到1,从1到10的跨越,能够在现代农业快速发展的潮流中学习和锻炼,能够得到属于农民自己的快乐生活。

村支书李振海——我们最可爱的人

黄成东

2009年底到2010年初的冬天，我们在曲周现代农业高产高效技术研究示范基地历史上开创了冬季农民大培训的新河。利用农民冬歇机会，科技小院师生和当地农技部门技术骨干组成的联合队伍下村针对当前农民最关心的农业生产问题开展农业技术培训，以期为县域农业发展提供技术服务和技术支撑。这一轰轰烈烈的坚持“四零”原则（零门槛、零费用、零时差、零距离）冬季大培训从2009年12月8日持续到2010年1月28日（农历腊月十四），共培训了5乡（镇）95村的102场6 586人次。这样的形式和规模在曲周农业发展历史上也是第一次，目的就是要让高产高效农业技术和生产理念深入人心，实现县域农业的高产高效，为更好打造全国商品粮生产基地提供支撑。在这95个村庄中，有一个培训村获得了这次培训的“优秀组织奖”，后来成为了我们的科技小院，也是第一个师生们驻村的科技小院，与我们结下了不解之缘。

培训结束之际，曲周现代农业高产高效技术研究示范基地同县委县政府联合召开了冬季大培训总结大会，邀请全县340多个村的党支书和各乡镇农业主管领导参会商讨如何建设“吨粮县”。这样的活动在县里也是第一次，340余名村支书实实在在地看到了各级领导对地方农业的重视，也认识到了农业发展的重要性。这次会议也给其中一人留下了深刻的印象，他也是340余名村支书当中的一员，后来也成为我们科技小院的发展历程中最给力的一员，我们亲切地称他为“三哥”！这样一种称呼并没有不尊重的意思，只是村里的一直都这么喊他，他是我们科技小院最可爱的人。

他，就是后老营村支书——李振海，生于20世纪70年代，自小家境贫寒，16岁便蹬着三轮车做起了小本生意走村串巷卖油条，由于为人实诚大方加上做油条技术过硬，在卖油条这一小生意行业当中积累了不少人缘，同时也完成了他人生的第一次创业。这油条积累了他人生的第一桶金，虽然没有多少钱，但对于一个农家小伙来说已是相当不容易了，他也在这其中更多的是学会了如何与人打交道，如何做好生意，为他后来的第二次创业奠定了坚实的基础。20世纪90年代末，李振海做起了木材加工生意，几年的积攒使他在村里也成了当时的致富先驱。这项产业一直持续到现在，已由家里人打理了。2002年，他成功竞选上了后老营村党支部书记，希望能够带领村民致富，成了村支书后，他一直积极施展自己的抱负，努力推动村内各项事业发展：植树6万余株，美化农村环境中他成为了“全市造林大户”；通过政策帮扶和自己筹资，投资20万元为村民打了2眼深井，有效地缓解了农业生产需水问题，显著地推动了农村农业发展；全力解决村内各种矛盾，让村庄变得和谐了起来。俨然间，李振海成了不少人心目中的优秀村支书。然而，平静中酝酿着不平静，2005年有人“眼红”村支书的位置，硬是将李振海拉了下来，2005—2008这三年间后老营村又成了一个烂摊子。在这个关键时刻，李振海依然保持着为民服务的热心，在村里众多党员的支持下二次上任执掌后老营的舵轮并着力千方百计让后老营发展。他像管自己的孩子一样打理着自己从小成长的地方，很快使后老营成了“全乡综合治理先进村”、“产业调整先锋村”、“大河道乡综合考核一等奖”村等等，深得乡级领导的认可。当然这些只是后老营发展过程中的一些结果，相对于过程来讲，可以说是冰山一角，他前进的脚步是不会停止的，其中许多关于李振海和他的村庄的故事，也是我们科技小院成长故事的重要部分，这些都值得我们回味。

学刘备三顾白寨科技小院，慷慨解囊创条件迎接师生。

2010年年初的冬季大培训总结活动，让李振海对后老营的未来发展有了更加坚定的信念，令他感到意外的是，在曲周这样一个土壤咸碱、产粮为主的农业大县竟然有着中国最高农业学府——中国农业大学的教授和研究生们常年驻村与农民同吃同住同劳动，指导农业生产，发展地方农业，这多少听起来有些令人像是做梦一般，可事实就在眼前。这么大的活动，县委书记县长都参加了，不可能是“行骗”。这种半信半疑对于中国农村的农民们来说是正常的，他们在多年的农业生产实践中遭受了不知多少次被骗，不知道肥料真假，不认识种子好坏，他们的遭遇造就了他们对许多美好的事物保留着那份期盼，同时又会从心底里问自己：这是真的么？但是，李振海从中看到了希望，他横下一条决心——一定要把农大师生请到后老营。他觉得即便自己受骗了，也不会有多大损失，师生们驻村是不需要村里掏钱的，只需要有个住的地方即可，人走了房子还留着呢，而且有了农大的力量加入，能够迅速将村里的农业发展水平提升一个台阶，保证村里的老百姓有更好的农业收入；老百姓祖祖辈辈种地都不知道怎么把地种好，这其中最关键的因素是缺乏技术，而县里农技部门人员少，实在没有精力来在一个偏僻的小村里驻村指导生产。农大最不缺的就是技术，有好技术，而且是常年驻村手把手指导农民的，所以只要把农大师生请到后老营村就是相当于给自己增添了左膀右臂，能够带领全村的村民好好发展农业。这一番夜不能寐的思考着实让他犹豫了几天，饭吃不香，觉睡不好，一旦下定了决心，肩上的负担瞬间轻了许多，但是前进的道路没有想象中那么简单。这“瞬间”也真的成为了瞬间，瞬间之后就是思考怎么把农大师生请到村里来，又是一番辗转反侧，真是有一种“黑夜的开始是失眠；失眠的尽头是白天”的诗情，但绝对没有想象的画意，都是绞尽脑汁的无奈——要请的都是专家教授和研究生，哪里说请来就来的呢，怎样才能打动师生们呢？这个问题在他的脑中萦绕了许久，最终想到了一招。

2010年2月20日（农历正月初七）李晓林老师、张宏彦老师、曹国鑫、雷友和我 5 人一行踏上曲周这片热土开始了新年的工作。没过几天李振海就来到了白寨科技小院，不是单枪匹马，而是"率领"了时任大河道乡的父母官党委书记张志民（现为侯村镇党委书记）和乡长张志勇（现为大河道乡党委书记），看来李振海是做足了功夫的，要不然怎么能够让书记和乡长一起出马呢，很明显表达出了一个意思——李老师，你们必须得派人到我们村帮助我们村搞好农业。当时我们也是看到了这份诚意和邀请的分量，但是要建立一个小院没有那么容易的，涉及到多方面的因素。比如，为什么要再建一个科技小院？我们所考虑的是目前在白寨已经建立了一个了，还处于摸着石头过河的阶段，再开一个需要有充分的理由来支撑，白寨小院的工作就是为国家粮食安全提供一个可借鉴的农业院校和农技部门合作技术推广及人才培养的途径。只要白寨能够做成功，那就证明这种模式是可行的，如果再开办一个科技小院还是做小麦－玉米粮食生产体系就是重复性工作了。但是我们当时看到了他们的诚意——这是全县 342 个村中第一个主动邀请我们驻村建科技小院的村。当时我们心里还是有疑虑的，白寨科技小院的工作还要更好地做下去，我们为什么要新建一个科技小院呢？李振海的第一次出马是做足了准备的，也预料到了可能出现的结果，他没有灰心、继续坚持，没两天他又第二次来到白寨小院，想必是折腾了几宿想出可说服我们的办法了。从他断断续续的介绍中我们了解到后老营是西瓜生产专业村，西瓜种植在村里及周边村深受欢迎，已经有了几十年的种植历史了，瓜农们为了从有限的土地资源上赚出更多的钱来，绞尽脑汁想尽办法琢磨着怎么能种好地呢，已涌现出了多种西瓜种植模式。有小麦/西瓜/玉米、小麦/西瓜/白菜（芥菜）、西瓜/棉花、西瓜/绿豆、西瓜/林木等，简直就是西瓜间套作博物馆。这次李老师松口了，李老师反问李振海："你说我们去了能能给老百姓做好服务么？你们都种西瓜，我们都是搞植物营养的，种过小麦、玉米，还从来没种过西瓜"，得到的答复是肯定的，但这一句话在许多人看来是感觉相当惊讶而在情理之中的，李书记如此回复："李老师，你们都是中国农业最好的大学的老师和研究生，你们怎么着都比我们老农民强吧？"就这一句反问马上把现场的气氛缓和了，也很快扭转了当时的局势，给李书记的邀请成功加上了不少分，正是因为这句话也让李老师坚定了要在后老营开办科技小院的信念，就当做个实验，给研究生一个锻炼的机会。李书记的第二次白寨小院之行十分满意，但是好事多磨，邀请是成功了，万一情况有变呢，得尽快把农大师生请过来。3月初，李振海第三次来到白寨科技小院，强烈要求师生们赶紧到后老营开展工作，李老师之前考察过一次，是为了看看能在村里做什么，还需要去考察考察，二次考察是为了能够有一个稳定居住的地方，科技小院师生就要吃住在村里，只有这样才能与村民们形成牢固的关系，更加便于高产高效示范工作的开展。李书记带我们到一户农民暂时不住的院子“考察”，李老师考虑到这院子位置有点偏，不利于今后的农户上门咨询，脸上不免露一丝不满意，李书记察觉到了这一点，立马说道“李老师，给我一周的时间，一周后你们再过来看看行不行?”就这样，李老师一行赶回了白寨继续工作。

◎ 商讨建立后老营科技小院

一周后，李书记再次打电话催我们到村里看看住的地方。这一看就决定我们的后老营科技小院师生住在村“司令部”——村委会办公处了。时过5年，科技小院师生依然坚守在这几间房子里，也让李书记的“三顾白寨小院”得到了欣慰的答案。当时选定的科技小院驻地有着1 000平方米的广场，四周没有围墙，老百姓很熟悉这个地方，也可以随时参观或者上门咨询，给技术指导和服务创造了非常有利的客观条件。走进给我们准备的卧室一看，窗明几净，刚刚安装的塑钢门窗，刚刚粉刷得白亮亮的墙壁，刚刚吊好的整洁的天花板屋顶，刚刚从县城家居店买回来的床、办公桌和椅子，这四个“刚刚”让我们看到了李书记的魄力，打心底愿意为村民做好服务。遇到了这样的村支书，即使再有困难也会使出十二分的力气来服务的。这是百分之百的诚意！后来让我们更加吃惊的是，用于装修和购买家具的2万多元现钱都来自于他个人腰包，村里没有一分多余的钱用来做这些事情。此时此刻，完全不知道用什么来形容他了，只能心里暗下决心“一定要让后老营的西瓜产业做得更好”了。走进会议室，眼下地方不小、很亮堂、也是新装修过的，最先映入眼帘的是后墙上张贴着的伟人画像，接着就看到了村委会的桌椅板凳——两张桌子和几条板凳不知道已有多少年的历史了，看起来与明亮的办公室格格不入，也显得整个会议室特别空荡。看到这样的场景再想想刚才看到的卧室，我们的心不禁有一种酸楚，并不是为这种反差感到没落，而是为有着这样的村书记感到高兴，他慷慨解囊拿出自己辛辛苦苦挣来的血汗钱为我们创造了相对优良的居住条件，我们深深地感到应该为他和他的乡亲们做些什么，让他肩上的负担减轻一些，让这种温情永远存在。我们决定给会议室配备一些简单的桌椅，共采购了40条椅子和20张桌子，这样就能够满足日常办公和对村民培训技术的需要了。就这样，后老营科技小院的硬件建立起来了，一切准备就绪，只等我们入驻了。

2010年4月17日，这在后老营村历史上是值得铭记的。这一天，后老营科技小院正式建立，师生们正式入驻科技小院。入驻老师是河北省农林科学院刘全清副研究员，刘老师是3月初来到曲周的，已经过一段时间适应性工作，入住后主持后老营科技小院工作；入住的学生有中国农业大学研究生黄成东，还有西北农林科技大学研究生李宝深（现为中国农业大学博士生，负责热区科技小院工作），2013年中国农业大学研究生李海朋也入住后老营科技小院。五年来，驻村师生开展了后老营小麦/西瓜/玉米间/轮作体系高产高效研究和示范工作，而且一直持续至今，还将继续走下去。

◎ 入驻小院，商讨工作

喜丰收西瓜不抵水，18 小时不停歇勇闯市场。

春暖花开的日子总是很惬意，我们也开始了在后老营科技小院的充实生活，订肥料、田间跟踪、农民培训、下地指导等等一系列工作正常开展，慢慢赢得了更多村民的欢迎和信任，我们也觉得能够在一个村为中国底层的农民做一点事，是我们农业院校师生应尽的责任。

4 月是小麦"疯长"的季节，满野的麦苗青油油的，颇为壮观，风一吹过，像海面波浪一般飘向远方，不禁心胸开阔；5 月是小麦扬花、西瓜播种的季节，看着小小的瓜苗一点点长大，心里乐开了花；6 月是小麦收获、西瓜坐果的季节，"芒种节到收麦忙，男女老少上战场"，种的是麦子，收的是票子。麦收后西瓜快速生长，开花坐果一气呵成，感觉没几天就要收获结果了，更多的是紧张和期待，紧张的是我们指导的西瓜能长好吗，期待的是终于能见到收获西瓜的欢喜场面了；7 月很快来了，我们在村里还没有百天呢，上旬棉花茬西瓜就开始收获了，中旬麦茬西瓜开始上市，西瓜要成熟了，真是挡都挡不住，不像小麦、玉米收获后能够存放很长时间，熟了就必须要卖了，自家消化不了那么多，更不能熟烂在地里，辛辛苦苦没日没夜干活几个月，等的就是能够卖上好价赚出钞票的这一天了。

随着大部分春播西瓜的收获，农民一方面为这几个月来的辛勤劳动而感到高兴，可另一方面为卖不出去或收购价格过低而发愁。每天我们都能在地里遇到不少人，农民朋友们问得最多的就是有没有什么方法或出路把后老营西瓜卖出去？这几天西瓜收购价格逐渐下降，7 月 2 日的西瓜价格还在 0.5 元/公斤的水平，这样的价格能够保证农户的净收益是处于 0 以上的，就是能够保证投入的成本不亏。天有不测风云，市场难以预料，5 天后的 7 月 7 日就降到了 0.2 元/公斤，往年西瓜刚上市时至少能够卖到 0.8 元/公斤，可今年最高只有 0.6 元/公斤，而且价格跌得非常快。辛辛苦苦忙碌了几个月，却遇到了这样让人一筹莫展的局面，有些农民已经不抱什么希望了，只求不管什么价格能够卖出去就行了，他们担心近几天会降雨，那样就会引起西瓜开裂而烂在地里。天公不作美，7 月 7 日晚上 10 点开始到 11 点，短短的一小时，雷电交加、风雨齐来，引来了 18 毫米的降雨量，这让农民更担心西瓜会烂在地里了。

这时麦茬西瓜都已座上，一周以后基本定个，农民也是为其销路而不知所措，据天气预报未来 3～4 天都将有雷阵雨，更是给瓜农们心头蒙上了一层阴影。如果说当前的境遇能够坚持一阵子，那么瓜农还能把本给保回来了，但是现实的情况是完全与“天时地利”相反的，到 14 日的时候还维持在 0.26～0.30 元/公斤的水平，有的西瓜价格只有 0.10～0.12 元/公斤，这已经赔得是相当厉害了，不管赔不赔，能卖就卖了，总比烂在手里强多了；7 月 19 日早上 6 点到下午 3 点突来降雨，而且降雨量达到了 50 多毫米，远远超过了我们的想象，地里不少西瓜被淹着了，如果再继续下雨，不少瓜要烂在地里了。这样的市场再加上这么恶劣的天气，会出现以下的情形——两人聊天抽烟，短短一根烟就将一棵生长三月的西瓜抽没了；如果这不能形象说明的话，那么一个 10 多斤的西瓜还卖不出一瓶矿泉水的价格，这个比较就更能体现出瓜的价值在当时是什么情况了。此时的心情不管是瓜农还是我们，包括李书记，都是相当复杂相当纠结，这瓜到底能不能卖出去呢？能卖出好价格么？没有好收益，对瓜农来年种瓜的积极性打击会非常大的，不种瓜了瓜农还能干什么？这些问题一个个突袭心头，一个个都能把人问倒，谁也没有想到会是这样悲惨的遭遇。

对于上述遭遇，李书记和我们之前虽然做过一些考虑，在遭遇这场西瓜之前，李书记和我们已经着手做些准备工作了，这些准备工作不至于使我们被“危机”打败得五体投地，能够使我们充分发现问题并打一场漂亮的反击战。

◈ 辛勤的瓜农

◈ 卖不上价的西瓜

在我们准备入住后老营前，大河道乡给后老营村注册了西瓜专业合作社，以期将来合作社能够在西瓜产业发展上起到积极的作用。就像是大多数合作社一样，当时它只是个空架子，对于李书记来讲，只知道有这么个组织，具体怎么运转也毫无头绪。合作社的运转需要有相应技术作为支撑，没有技术老百姓加入和不加入合作社是没有区别的，合作社也只是一个空壳组织。科技小院就像是一座桥梁，桥的一头是合作社，另一头是分散的农户，这座桥能很好地通过现有的或者研究的技术将合作社和分散农户紧紧连接在一起，造成多赢的局面。合作社开始实体运转，分散农户受益于技术的应用能够获得丰收，科技小院可有效地通过合作社将技术服务到农户田块。有了科技小院的技术作为“靠山”，李书记作为合作社理事长想借机把合作社进一步做得活起来，为村里老百姓做更多有意义的事，这其中一件事就是建立西瓜交易市场。

6 月初还没有收麦呢，李书记就已开始筹划着要建一个西瓜交易市场，村里虽然有两个小型的交易市场，但其是以个人名义组建的，规模较小，不能承担销售村里全部西瓜的重任。以前不少瓜农们开着大小三轮车去周边村零卖或者到较远的交易市场批发销售。零卖虽然能够赚钱，可是太费工夫，也销售不了后老营这么多的西瓜量；去其他交易市场，来回油钱要消耗不少，去了也需要等待的，据说有一次瓜农在那里等了两天也没有卖出去，只好低价贱卖了。农民着实受不了这种憋屈气，希望通过科技小院和村里能够从根本上解决这一问题,减轻出去卖瓜的烦劳和卖瓜难的问题。

麦收前,李书记就开始了办理建立交易市场所需要的手续和租地协议,建立市场的合法手续都是走程序的事,与乡里土地管理所打交道即可,这并不是什么难事,公家事该怎么办就怎么办。在租地协议这一问题上,根据村里的情况先租用 6 亩地,每亩每年的租金是 1 000 元。看着挺简单的一件事,操作起来并没有想象的那么简单。6 月 10 日了,合作社与占地农户间的协议还没完成呢。农村人都朴实,对于这些涉及法律性质的文件向来都是缺乏敏感性的,觉得同在一个村,即便有问题,农村的人情还是抹不开面子的,也闹不出什么事来。因此在合同起草时,只有一句话“今后老营西瓜合作社租用×××家村西北某某处 X 亩地,每亩租金 1 000 元,租期 5 年。”下面就是双方的签字或签章。这么简单的合同,一直生活在农村的人觉得是没有什么问题的,可是我们一看就觉得不能那么简单,比如租金是一年一结还是 5 年一结?在什么时候结算?这里面涉及到了利息和续租的问题,如果一次性把 5 年的结清了,等到两三年后想退租了已是不可能了,一年一结的话每年还能利用剩余年份的租金来支持生产。这些问题能帮着合作社解决不少潜在的麻烦问题。还好李书记在起草合同后征求了我们意见和建议,将原先的一句话合同修改为较为正式的合同,里面对于土地的使用方式、每年租金的交付日期、地上作物的收获日期、租用地块到期后交付时间、甲乙双方在不能履行上述条款时所需要承担的责任及协议遇到国家政策调整时的解决方式等 8 条内容都有较为正式的规定,避免了一些法律纠纷问题。原来的一句话也成为了两张纸的正式合同。

西瓜市场占地的问题解决了,下一步就要开工建立市场了。市场停车场地把原来的耕地直接用于停车就行了,也用不着请专门的压路机改造了;市场还需要有办公室和地磅等硬件设施,这一下就有些难为合作社了。合作社刚起步,租地的钱还是李书记自己从家拿的,盖房和买地磅的钱从哪儿出呢?村里一是没有这么多的钱,农村的财务一年到头基本是处于 0 状态,上面没有拨款,底下不能收钱;二是即便有这么多的钱,也不

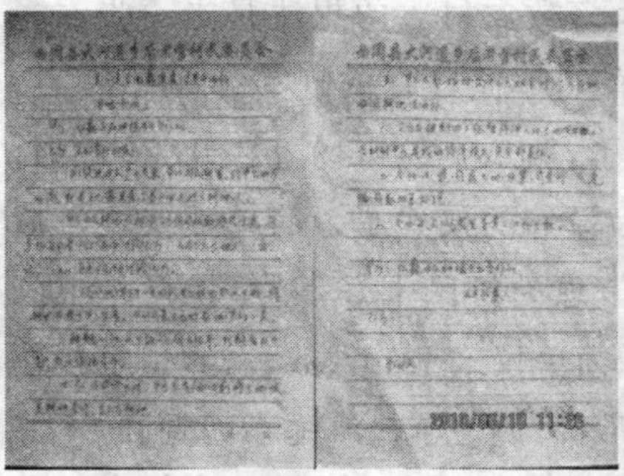

◈ 租地协议

◈ 市场开业

是用于合作社开销。当时合作社社员只有 13 户，盖房和买地磅需要花费 10 余万元，农村人每年购买农业生产资料就要开出去不少呢，更何况 6 月份正是用钱的时候，收获的小麦还没卖出去呢，马上抢播的玉米还等着要种子和肥料钱呢，再者也没法向社员要钱。有句话说得好，“钱不重要，重要的是没钱”，尤其在这关键时刻，时间不等人，必须要赶在西瓜上市前把市场建好并开张营业。10 万元，这个数是庄稼汉好几年的积蓄，既然揽了这“瓷器活”，就得硬头皮坚持下去，没有那“金刚钻”，咱也得想办法解决才行啊。李书记苦苦思索了几日几夜，先把地磅买了，盖房的钱有多少先垫上多少，剩余的钱等到麦子卖了再还。农村人实在，盖房班都是一个村的，也不在乎这几天日子，只要把盖房的材料到位了，工钱过几个月给也不迟。李振海再次从家挤出来 3 万元，购置好了盖房所需的砖、水泥、沙子等建筑材料，先能够支撑盖房了。现在我们来算一下李振海的投资账，科技小院装修 2 万元、1 年租地费 6 000 元、地磅 8 000 元、盖房前期投资 3 万元，合计 64 000 元，基本上是把自家家底给“败”光了，剩下的钱只能是等木材加工厂周转过来了再还上了。那木材加工厂是养活一大家子人的，9 口人都是指着木材厂过日子的，二女儿上大学、三女儿和大孙女上小学、二孙女还吃着奶粉呢，其余人都是在农村生活的，哪儿能赚那么多钱都用于投资这些公共建设呢？李书记就是这样的人，自己手里的钱虽说不多，比起一般的农户来讲，已是富裕了一些，自己挣来的钱愿意做一些公益事业，用于发展村里经济。

钱和房的问题算是暂时解决了，大多数农村人的想法是走一步看一步，李书记可不会这么想，而且等待他的也不是这样的现实。7 月 12 日，大部分棉花地里套种的西瓜开始上市了，西瓜交易市场也在几十声爆竹响后算是正式营业了，这是农村人认为最好的仪式了。简单的仪式过后就迎来了李振海人生的又一轮风雨了，想为村民干好事，那就得一干到底，要有不见黄河心不死的决心。就像简单仪式上的人数一样，市场是建立起来了，可是也太冷清了，持续的低瓜价，搅得李振海睡不着觉、吃不好饭，躺床上一筹莫展。13 日上午李书记找到我们，想出去看看河北秦皇岛，山西长治、运城、阳泉和太原等地的西瓜市场行情，我们上网查询后，发现秦皇岛西瓜价格为 0.9 元/公斤，山西西瓜价格为 1.0～1.5 元/公斤。决定发动"双高基地"个科技小院全体人员的关系了解河南、广东、陕西等地的市场价格，结果表明各地价格都偏低，加上运输成本及其他花费已没有赚头。查看邯郸本地市场得知，邯郸丛台区的蔚庄水果批发市场目前西瓜批发价格为 0.5～0.6 元/公斤。这个价格相比较后老营村的交易价格 0.2～0.3 元/公斤要高出不少，李书记暂时决定去邯郸闯一闯，实地查看市场行情，为后老营西瓜销售寻找出路。

说走咱就走，14 日上午 7 点半，李书记开上自己家的"吉利金刚"，带上我们编写的市场宣传单，李书记和我们科技小院的李宝深同学一起闯荡邯郸西瓜市场，当然这是我们自已登门去请瓜贩来后老营收瓜，仅表达出足够的诚意是远远不够的，诚意再好也抵不过高品质的西瓜，所以他在后备箱里塞了十几个西瓜，用实物的方式来吸引更多的瓜贩来后老营开展交易，高品质的西瓜胜过再多的说辞。就这样带着全村人的期盼，李书记和李宝深这"二李"肩负着后老营和科技小院的使命向邯郸出发，与其说这是一次闯市场，不如说这是一次游说。

每到一个市场，"二李"都铆足了劲、绞尽了脑汁想办法请瓜贩去后老营收购西瓜，在市场交易中，请人到村里收购西瓜相当于是瓜贩占据了主动权，我们处于弱势地位了，必须把全身十二分的力气使出来，不但要面对众多瓜贩，同时还要承受一些人的"刁难"。有两个瓜贩演起了"双簧"，甲瓜贩从当地的瓜摊上拿了一个瓜到"二李"正在游说的乙瓜贩摊前说

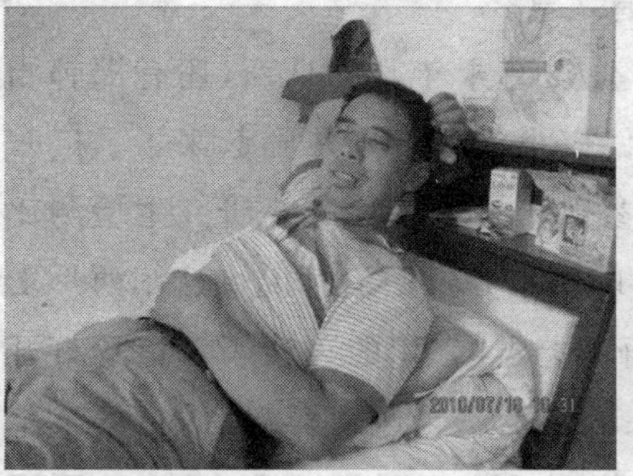

◎ 一筹莫展的李振海书记

◎ 上网了解各地西瓜市场行情

“你们这瓜真不错，很甜的！”“二李”纳闷了，我们的瓜还在后备厢呢，他怎么可能有后老营的瓜呢？乙瓜贩就顺手拿起一个自己的瓜向“二李”问道你们尝尝看我这瓜怎样?”听着是一句问话，可实际暗含着的深层意思是要考究“二李”到底识不识瓜，不识瓜的话那你还怎么说你们的瓜好呢，识瓜的话就可以考虑合作了。当然“二李”也是有备而来的，种了一季瓜了，一个堂堂的研究生还怕解决不了这问题呀，尝了尝就有一番说头了，当然还是想把后老营西瓜推出去，他说“就是比后老营西瓜还差点儿”。瓜贩听说后马上要把后老营西瓜拿来见识一下，“谈判”发展到这一步，“二李”看到了苗头了，立马从车上后备厢顺手拿了一个西瓜，打开一尝，味道果然很好，俩瓜贩马上异口同声问道“你们那儿还有多少这样的瓜?”在回答“很多，你们要多少有多少”这句后，“二李”才发现，这俩瓜贩实际上是一起的，扮演的“双簧”也是为了考验“二李”的能耐到底有多大，手里到底能不能有好西瓜，在得到肯定的答案之后，俩人很爽快地答应第二天就到后老营收购一大车西瓜。

以上的插曲只是整个闯市场过程中的一个小故事罢了，整个过程中的有些艰辛是难以用语言来表达的，车不停轮、苦口婆心、筋疲力尽等过程都一一熬了过来，“二李”瞪大了眼、撑足了精神头，从一站奔向下一站。一天的时间是有限的，从早上 7 点半出到夜里 1 点半归来，回来在高速路还跑岔了道，在短短的 18 个小时里，闯遍了邯郸、邢台、沙河的大型果菜市场，一遍又一遍反复讲述我们在后老营的西瓜工作，尽力吸引更多的人来后老营收购西瓜，解决后老营的燃眉之急。

第二天一大早，市场上来了不少客人，有永年县的瓜商，还有邯郸当地最大超市的蔬果部采购经理，这个偏僻小村一下子热闹起来了。广东一个客商听到风声也来到了后老营，参观体验了科技小院研究生检测比较西瓜品质的过程，一次性收购了50吨西瓜并返回消息说将这车西瓜卖向了韩国，所以就有了后来的“老营西瓜走出国门”的美谈了。市场打开了，瓜农的西瓜不愁卖了，而且随着来的瓜商越来越多，小小的市场被瓜车给挤得转了，车水马龙般的场面也让西瓜价格逐步回升，最高达到了1.00元/公斤，比往年同期价格还要高出0.1元/公斤。看到这样的市场，瓜农们脸上绽放出了丰收的笑容，种瓜的劲头更足了。趁着这股势头，李振海和合作社其他成员一起研究决定合作社要扩大规模，开始了合作社成立以来的第一次扩张，短短的一天时间，从原来的1村13户，发展到了3村186户，看到自己的操劳和投资得到了回报，得到了瓜农们的认可，再也不用担心西瓜卖不出去了，李书记也终于可以踏踏实实地睡一觉了。

◇ 繁忙的市场

找贷款圆西瓜梦，经风雨梦回现实。

带着吃西瓜的梦想，我们来到了后老营，吃了一年之后，西瓜生产上的问题和过去一年的销售难题都被我们和李书记给一一破解了，我们的吃西瓜梦也圆了，天天泡在地里吃西瓜，吃得有些“腻”了，总觉得有些事情还没有完成呢！李书记和我们看到这样的西瓜种植模式一直这么持续下去形成不了产业链，种瓜赚不了钱的问题会越来越突出，必须考虑下一步的发展问题了。

后老营全村有 2 000 多亩地，常年以来形成了“小麦—西瓜—玉米”一年三熟的独特种植体系，这是在传统小麦—玉米轮作的基础上加了一茬西瓜。具体生产周期就是在小麦播种时预留一定宽幅的空，待翌年 5 月小麦扬花时播种西瓜（或者在 5 月中旬移栽西瓜苗），待到 6 月中上旬小麦经联合收割机收获一周后在西瓜和小麦种植带交界处的麦茬地上点播玉米，待玉米拔节到小喇叭口时西瓜成熟收获，在 10 月上旬玉米成熟时人工收获。由于是在小麦和玉米地里露地间作西瓜，价格上下波动幅度大，其经济效益不能得到保证，我们调查数据表明，有些年份一亩地能比只种小麦玉米多收 2 000 元，有些年份种西瓜连本钱都收不回来。在目前条件下，后老营要按照“一村一品”的思路进一步做大西瓜产业，更好地推动后老营村农业发展、带动村民致富。这就成了我们和李书记的另一个梦想。

其实在吃西瓜的同时，我们心里还装着另外一个梦想，那就是“一年四季有瓜吃”。发展温室大棚西瓜生产，就能够在目前夏季西瓜生产基础上实现后老营“一年四季有瓜吃”的梦想，继而将后老营打造成一个独具自己特色的西瓜产业基地。即夏季有棉花—西瓜间作和小麦—西瓜—玉米间/轮作，秋冬春有塑料大棚和日光温室生产。只要有了塑料大棚和日光温室，我们就能在一年四季都能吃到新鲜的西瓜，同时获得反季节生产西瓜更高经济效益。

效益高，投资也高啊！盖日光温室和塑料大棚都需要花不少的钱，谁来投资呢，一般农民手里现钱都很少，平时买几袋肥料都需要在村里农资小卖部赊呢，更别说花十几万或者几万块钱盖大棚了！钱只是其中一方面的困难之处，盖大棚和温室都是需要大块地的，曲周地块都是狭长的，长度足够了，但宽度还是受限制的，有钱有地了还得有愿意做示范的农户。尽管困难重重，但这样一个梦想对于李书记来说诱惑力还是非常大的。他做村支书已有些年头了，在村里影响力很大，只因为他有一颗为民办实事的热心和乐于奉献、不计较个人利益得失的拗劲，再加上我们的高产高效示范效果的推动，他有心动真格了，一定要盖大棚，生产反季节西瓜。

这一次又是他——李振海，一个敢于尝鲜的支书，一名敢作敢为的村干部，再一次要充实后老营村的西瓜梦。李书记在我们选定的百亩示范方正好有一块长110米、宽31米的地，我们初步测量的结果表明这块地可以建造一个塑料大棚和一个日光温室，其有效种植面积各占1 000平方米。这块地的位置可以更有效地展示我们的技术。

2011年5月初，我们联系了一家山东的温室建造公司商谈盖棚的大体情况，问到我们只是盖一个温室和一个大棚，公司方面显得有些不太在意，给我们的报价也是让我们感到很吃力——盖一个1 000平方米的温室就需要20万元，再加上建塑料大棚的投资，一共需要25万元左右。我们只好选择别的公司了。

我们咨询曲周县农牧局刘晓霞老师，她很热心地为我们从生产实践角度提出了两种建造方案，一种是以水泥立柱构架，另外一种钢结构；粗略估算了成本，前者造价有个7万～8万元就能拿下了，但是水泥立柱太多不便于温室内开展田间机械操作，后者造价高但顺应了现代化温室发展趋势。面对这种局面，我们自己也不知道如何抉择了，最终选择权交到了李书记手里，我们所能做的是给予他合理的建议，帮助他更好地解决问题。

这次的抉择不再像以前那么简单了，建市场盖房的投资还没收回来呢，这又要大投资了，必须要好好权衡一番的。夜里睡不着觉是正常的，一天从大清早到晚上10点不知道要多少次来科技小院商讨解决方案。经过几日几夜的思考，决定做钢结构的，按照李书记的想法，要做就要做好的，不求最好，只求更好。很快从周边村庄找来了一个施工队，一栋日光温室加一个塑料大棚报价需要花费16万元左右，比原来的造价低了三分之一，李书记基本上接受了这个价位。在刘全清老师的细心指导下签订了建筑合同，随后立即开始了这项在后老营农业发展史上必定要添上一笔记录的工程。

没有钱想盖温室和大棚是万万不能的，施工队来了就需要花钱，钱从哪里来呢？这是一个传统的老大难问题。

李书记自己家开了一家木材粗加工厂，规模也只是个民间作坊，平常虽然赚了点钱，但不少钱都花在村里公益事业上了，已有积蓄远远不够建造大棚花费。通过各种渠道了解，终于得知邮政储蓄可以向农业专业合作社农户提供贷款，不过每户只能且最多提供 5 万元额度，要建我们的西瓜棚，至少也得贷 15 万元呢，也就还需要两户才能凑够数。回家以后，李书记与家人商量了一下贷款计划，找来了大哥李平海和妹夫史成学，他俩都很爽快地答应了李书记，加上李书记自家积蓄就勉强凑够了建棚的费用。这一下可是给李书记“挖”了个大窟窿，口大不说还特别深，也不知道几年才能还完，而且只要晚还一天就多产生一天的利息，这么多的钱在一个普通农户眼里就是想也不敢想，别说贷了，就是借，许多人还不敢接受呢，万一赔了岂不是砸自己手里了，那得多少年才能还清呢?! 李书记做到了，不是说他傻，而是他内心一直有一种执着，追求着属于自己的和村里的共同事业，为了这份事业，只要不违法他什么都能做，最终实现目标。

贷款还差一步，需要三个自然担保人，李书记想到了我们科技小院的三人——刘全清老师和我、还有常驻我们科技小院的扬州大学毕业生王爱礼，我们三人也过足了一把当担保人的瘾，都很愉快地答应了。我们需要在自己的能力范围内给予李书记最大的支持和鼓励，有难同当，有福同享，不能让一根稻草把一匹好骆驼给活活压死了，没有挑战哪儿来的收获后的喜悦呢！

就这样，我们同李书记一道解决了资金短缺问题。麦收后没几天，一阵鞭炮声响，后老营西瓜产业发展留下了浓重的一笔——动土开工，正式开始建造日光温室，一个月的时间，很快就过去了，完工，我们的梦想初步实现了。站在温室顶，眺望东方，绿油油的瓜苗和玉米苗装饰了我的视觉，感觉一切都是那么的宁静，那么的祥和，看过去，仿佛看到了我们的未来。

◇ 开工建棚

◇ 塑料大棚

一切都在按序开展，西瓜苗委托曲周县城北边的专业育苗厂生产；为了尽快见到经济效益，同时减轻劳动投入和作物耐性，我们选择在温室里种植番茄，这样在冬春交替的季节可以上市，卖个好价格。2011 年 8 月中旬，我们的西瓜苗顺利移栽到大棚里，9 月 1 日移栽番茄。一切都很正常，按部就班地管理，瓜苗和番茄苗生长都很正常。随着天气的转冷，瓜苗生长变慢了，个别瓜苗开始萎蔫，最后枯死，撕开茎基部一看，维管束变褐，这难道是传说中的“枯萎病”么？难道我们的瓜苗要得植物“癌症”？不会的，不会出现这种情况的，我们的土壤之前只种过一季麦茬西瓜，且是在 2010 年种的，连作障碍也不可能这么厉害呀。但是老天爷就是喜欢作弄你，随着时间推延，枯死的瓜苗越来越多了，到瓜将要熟的时候，整个棚的西瓜蔓几乎要死绝了。我们的内心有种种说不出的悲催，看着李书记淡然的表情，心里多了几万分愧疚，顷刻间所有的梦想都变得如此现实。李书记很淡定，坦然地对我们说：“今年不行了，明年继续来，就当学个经验。”

有了李书记的支持，我们重拾信心，2012 年春季继续我们的西瓜梦，使用上了嫁接西瓜苗，顺利地克服了枯萎病，整个棚的瓜秧爬满了地，西瓜收获了，一万斤，虽然没有很高的产量，但是我们看到了希望，看到了未来的发展之路。李书记脸上也露出了灿烂的笑容，干起活来也更加有劲了，没日没夜地“熬战”，终于取得了一些回报！他一个只种过一季西瓜的村干部也能种棚室西瓜来，为后老营西瓜发展做出了很好的带头表率作用，为后我们的高产高效示范工作提供了无私有效帮助，也让农民增收、村民致富看到了希望。

站在温室顶上，迎着东方冉冉升起的太阳，他脸上洋溢着一种幸福的微笑！希望就在眼前，未来之路还很长，不管多曲折，李书记依然走着！

◇ 经历了风雨，赢得了收获

后记：四年曲折风雨路，梦醒终究见彩虹。

四年的时间，有人觉得这是一段漫长的历程，对于李书记来说，这是人生别样的体验。四年的曲折路上，不知经历了多少风雨，有着多少个梦想得到了实现，这些梦想让这个偏处曲周西南一隅的后老营风生水起，不再是从前“爹不管娘不爱”的偏僻小村了，如今已变得热闹起来了，这一切都缘于李书记的“三顾”白寨科技小院。

2010 年，后老营西瓜合作社在科技小院的协助下注册了“老营村”商标，后老营西瓜有了自己的品牌。合作社先后成为“曲周县优秀合作社”和“邯郸市农民专业合作社示范社”，同时获得省级主管领导的两份批示，充分肯定了合作社和科技小院紧密结合的运行模式。这对于刚刚成立不到一年的合作社是多么难得的肯定和鼓励呀！

2011 年，曲周县农协和邯郸市农协以后老营西瓜合作社为牵头单位筹备成立了“邯郸市西瓜协会”，希望进一步促进邯郸市西瓜产业发展，这是对后老营西瓜合作社运行模式的又一次肯定。

2012 年，后老营村迎来了她历史上百年一遇的发展良机，也创造了有史以来最快的发展速度。后老营西瓜合作社先后获得上级部门 2 次扶持资金达 15 万元的帮助，这些资金用于补贴社员购买生产资料，鼓励社员应用高产高效技术，从村域层面上有力地推动了农业的发展。7 月成功举办了曲周县首届西瓜文化艺术节，进一步宣传了老营西瓜品牌。更重要的是在科技小院工作的推动下，后老营村在县一级部门里得到了越来越多的关注，成为了河北省首批基层建设重点村，村办公处修建了卫生室、加盖了专家室、增配了体育设施、硬化了村广场，还绿化了村内主要街道、打了两口深井、修通了 8 米宽的出村水泥路。交通不再成为西瓜运输的限制因素，卖瓜更容易了，后老营村与外部的交流更便捷了，老百姓的日子更有奔头了。

在这样一位最可爱的人带领下，美好的追求总是永无止境的，执着的路上总会有风雨的，经历了风雨就会享受到彩虹的美丽！

◇ 礼品西瓜

◇ 邯郸市西瓜协会筹备成立大会

◇ 西瓜采摘文化节

我的两个小徒弟

金树杰

2012年7月份本科毕业后，我就带着大包小包的来到曲周，开始了我的研究生生涯。不过，由于专业的不同，我没像其他以后一起奋战在科技小院一线同学们一样，我是驻扎在了中国农业大学位于曲周县四疃镇的实验站内，我以为我的研究生生涯会是在曲周实验站内通过瓶瓶罐罐的室内试验度过的。可就在开学没多久，中国农业大学曲周现代农业高产高效示范基地要在治碱的一代试区——张庄村设立一个新的科技小院，而我也就被安排在这个科技小院参与为农民技术服务工作了。从2012年9月23日那天从北京到张庄村取土开始，科技小院的工作就提上日程了，我也就开始了驻扎科技小院的生活了。

虽说我没有像其他同学那样提前感受科技小院的生活，熟悉科技小院的各项工作流程，但好奇的我也从其他师兄师姐那儿了解了很多关于科技小院的一些事情。在科技小院，我除了和其他同学一样收获了感动、锻炼了自己、巩固了所学、熟悉了农村生活等等以外，我比着他们也有意外的收获，我的意外收获就是我接下来要介绍的两位小徒弟，是他们让我再一次回味了那个年龄段的自己，也再一次让我感受了“天生我材必有用”这句话的真正含义，也让我收获了额外的一份友情。

“学农”的小徒弟

看到学农两个字的时候大家一定会感到很吃惊，请大家先不要吃惊，且听我慢慢道来。我的这一位小徒弟，名叫赵攀，14岁，是家里唯一的男孩，也是家里最小的孩子，所以，在家里比较娇生惯养。由于处于叛逆的年龄段，他也毫不例外的比较叛逆，正是上中学的年龄，而他却“赋闲”在家没什么事干。由于顽皮再加上叛逆，小家伙在学校经常结帮与人打架，好几次都被开除，好在他父亲托人都又给他整回学校去了，而这一次由于太严重所以就一直待在家里了，他父亲对他也失望了，就希望他以后在家好好种地就好了。于是，就有了我们之间的师徒关系，说是师父呢，其实我也比他大不了多少，只能是他的大哥哥而已。这一天，我在地里溜达（巡查田间苗情）的时候，碰见了他们父子，由于和他父亲比较熟悉，就聊得比较多，谈到他时他父亲就说：“以后这家伙就跟着你学种地吧，跟着你当徒弟算了。”我一听，这是好事呀，以后下地有个伴了，也能向他打听村里的一些人和事了，所以我很快就答应了，这样就确定了我们的师徒关系。

因为他父亲就是让他跟着我学种地的，所以，我就让他天天跟着我下地溜达了。当然了，我也不能全给他讲农业方面的知识，这样的话，过不了多久他就会烦的，我就也和他扯一扯我上中学时候的事情。慢慢地我俩就熟悉了，他也就愿意每天跟在我后面了。记得有一次我带他到地里查看麦田里的杂麦情况，我就告诉他什么是杂麦子，这样的麦子对小麦的生长有什么影响，顺便也告诉他小麦现在也该浇水了等等一些当时的小麦管理的农艺知识，可令我没想到的是，他竟然拿起笔记在了本子上。由于当时没带相机，所以也就没能留下这意义非凡的一刻。虽说字写的不怎么好，但也记下了我讲的东西。他还告诉我：“明天我不能跟着你了，我得到我家地里拔这些杂麦子去，我还得告诉我爸该给小麦浇水了，我得帮帮他。”听到他说出这样的话后，我那一刻被感动了，并不是为他什么大的举动，就是为了他这句朴实的话。

◎"赋闲"在家时也干点农活 学习后在自家地里拔野麦子

现在我的这个小徒弟已经又回到了他久别的校园,重新开始了他的求学路,我相信他以后一定不会再像以前一样了,我相信他一定会好好学习的,他一定不会让我失望的。这就是我这位"学农"的小徒弟!

学文的小徒弟

这一位徒弟和我相处的时间就比较长了,我俩的感情也比较好一点,他是张庄村主任的儿子,由于工作的原因,所以就见面的机会多了。他叫李佳良,12岁,家里的长子,也是出于叛逆的年龄段,但他并没有像我的前一个徒弟那么出格,至少没有被学校开除过。不过他也好不到哪里去,在班里的成绩很稳定,长期稳居在后几名,而且还老是不按时完成作业,甚至就不写,还老是撒谎,所以就经常被他父亲打,这家伙都已经被打习惯了,不过现在好多了。2014年元旦的时候和他父亲通电话,他父亲说:"现在这家伙好多了,这都是你这师父的功劳呀,不过离他师父还有一定距离呀!"看得出,他父亲对他现在的表现还是比较满意的,因为他现在至少能按时完成作业了,也不像原来那样的撒谎了,进步很大。

因为要建设科技小院,所以我们一到张庄就先拜访了村主任,也就经常出没于李主任的家了。刚好家里有个学生,成绩也不是怎么好,在一次吃饭时,李哥就说:"反正以后你们要长期待在这里,趁着也给佳良补补课吧,你就做他的师父吧?"由于要依靠人家开展工作呢,我也就没好意思推脱,就这样收了这个徒弟,而且李哥还让佳良给我端了茶,这就算是正式拜师了。

既然是让我帮他辅导功课，那我也就不能松懈呀，要是以后成绩再上不去，我这个师父的脸面往哪放呀，所以，我就要求他每天放学后找我，监督写完作业并检查，然后每天再写一篇作文，相当于我们每天的日志，这个不限题材随便写。刚开始小家伙还很配合，完成的还不错，一段时间以后就不行了。又一次，让他写作业也不写，写作文也不干，我把他给训了一顿，他就在那哭，这下可把我急坏了，我一时我不知所措了。就把这件事告诉了李哥，李哥说不用管他，他就是这样，不想干了就来点苦肉计，后来经过观察我发现还真是这样，我就只好改变策略了。

2013 年 8 月份我在做实验的时候意外被浓碱烧伤了，一直住在医院，好长时间没见到我徒弟了，他也就想我了，隔不几天就给我打电话询问我的伤情。有一天，李哥他们要来医院看我，他也要来，但车上坐不下了，他就哭哭啼啼的非要来。出院后听到这个桥段，着实把我又感动了一把，这么小的一个孩子，就是因为每天给他辅导辅导功课，他还能这样的惦记着住院的我。

现在我回到了北京，我们见面的机会就更少了，只能每次通过电话来了解彼此的生活了。但是，我相信我的这个徒弟也不会让我失望的。

◇ 原来无忧无虑叛逆的孩子培训的时候他就坐在我旁边

以上就是我和我两个小徒弟之间的一些琐事，事虽小，但我很感动，我相信我们之间的友谊会一直保持下去的，若干年后回忆起来，这将会是很宝贵的一份财富！

科技改变农村留守妇女

田 净

“三八”科技小院成立之后，我们在范李庄及其周边村庄针对小麦玉米体系的农事操作进行了前期的走访和调查，发现很多农事操作并不十分的合理，肥料施用这项技术就存在很多的问题。

(1)肥料用量不合理。尤其是氮肥用量总体上偏大，且不同农户之间差别很大，有的农民苗期施氮过多导致麦苗生产过旺、后期倒伏；有的农民因氮肥用量过小造成苗子发黄、生长不良。无论是氮肥用量过大或过小，都会引起减产。

(2)肥料搭配不合理，盲目施肥现象严重，养分投入不平衡。一是偏重施氮肥，造成小麦倒伏。二是重视氮磷肥而轻视钾肥以及中、微量元素肥料的使用。三是对施用有机肥的好处认识不足，认为只要多施化肥小麦就能增产，有机肥用量少，仅有小部分农户施用有机肥，出现大面积“卫生田”。

(3)肥料施用时期不合理。小麦生产基肥比例过大而追肥比列过小，造成前期旺长而后期脱肥，同时导致肥料损失浪费、引起环境污染。很多农户图省事，不分条件采取“一炮轰”的施用方法，即播种时将肥料一次性全部施下去，且偏重施用氮肥。在玉米季，同样存在“一炮轰”施肥现象，后期追肥难以实施，造成前期倒伏后期脱肥，影响产量的进一步提高。

(4)施肥方法不合理。小麦生产中表现为氮肥尤其是碳酸氢铵和尿素撒施或者施用过浅，造成肥料挥发损失。部分田块灌水过多，造成氮肥淋溶损失。玉米缺乏合适施用机械，追肥质量差，大多因撒施而引起氮素挥发损失。

(5)肥料品种混杂，参差不齐。有些农户由于多种原因不能购买到高质量肥料、甚至买到假劣肥料。有些农民听信厂家宣传，仅施一部分微生物肥料而不施用氮磷钾化肥，造成小麦玉米养分缺乏，影响产量的进一步增加。

统计出这些结果，我才深深意识到，如果想要实现高产高效的目标，我们要做的工作还有很多。那么，究竟是什么样的原因让农户们会有这样的施肥习惯呢？是他们不知道，还是什么客观原因造成的呢？一次在范李庄走访调查的时候看到前面围了大一堆人，走近看原来是肥料经销商在村里现场销售，因为范李庄所在的区域主要作物体系为小麦/玉米，每亩地一年纯收入为 1 000 元左右，相比后老营小麦/西瓜/玉米体系或槐桥的苹果等经济作物，收入少、不能支持起整个家庭的消费，所以男士外出打工的人更多，妇女就留守家中照顾老人和孩子并承担起农事操作的重任，所以在买肥料时，也有多半是妇女作为家中农业的决策者挑选和购买肥料。肥料经销厂家也是猜准了农村妇女们的心思，大肆搞起了促销活动，诸如前十名购买者赠送高压锅、炒菜锅等大礼，或是买三袋送一袋，抽奖赠送毛巾、洗衣粉等小礼品，同时向农民灌输大水大肥的理论，要想产量高，就要多施肥。在这样的一种氛围下，妇女们纷纷争抢购买以期得到一些礼品和优惠，却不曾考虑肥料的真假与配方，更是在活动的麻痹下忽略了“羊毛出在羊身上”的道理。其中，一位大娘一次性购买了 6 袋肥料，经销商又赠送了 2 袋，因为她是第一个购买，所以又额外赠送了一个高压锅和炒菜锅，引得其他人也争先恐后购买。大娘从人群挤出来，拿着大包小包很是兴奋，我也趁机和大娘聊了起来，得知大娘家因为小儿子后年要结婚，所以丈夫和孩子现在都在北京打工挣钱准备明年回家盖房，所以平日里也只有大娘自己在家照顾老人和孩子，每天很是繁忙，但大娘又是一个非常有上进心的人，想要把里里外外都张罗好，不仅家里活要干好，地里的农活也不想比比人差，所以她一直也通过各种渠道来学习种地的知识，虽然有些渠道可能并不是十分正确。这一次大娘家里其实只有4亩地，买来的8袋肥料却想要都施用完，并且在后期因为一个人在家，太忙也并不打算追肥。通过这样的一番了解，我也大致明白了造成目前施肥现状的一些原因，有农户自身科技水平的原因，有家庭劳动力不足等客观原因，同时目前我国肥料企业管理较为混乱鱼龙混杂，而农民学习渠道又少，故造成如此农民不能合理的选择和施用肥料的局面。为了对这个问题有一个清楚的认识，也为了让留守妇女们学会正确施肥。当天晚上，我和“三八”科技小院的忠实支持者王九菊大姐把“三八”农民田间学校的学员又一次的召集在一起，开始了我们田间学校成立之后的第三课：“如何正确施用肥料”。

在课程开始之前，我先对学员们的基础认知进行了一个小小的测试，发现大家对肥料袋子上的N、P_2O_5、K_2O等化学符号基本情况都不能说明白，当问及“您选择肥料的依据是什么”时，大家的回答是“看别人买啥我买啥”、“看哪个在村里买着方便，活动多就买哪个”等。通过大家的回答，我也逐步明确了症结所在，一是缺乏一个普及肥料知识的信息渠道，二是农民没有购买肥料的放心渠道。

针对第一个“没有普及肥料知识信息渠道”的问题，让我也深刻的意识到“三八”农民田间学校的重要性，她是一所田间学校，更是一个信息渠道、一个可以让农业高产高效知识及时、系统传递给农民的重要平台。所以针对学员目前的知识水平，我们开设了一个月共计4次的课程，从最简单的小麦和玉米生长需要的养分、肥料“三要素”、植物营养临界期、营养最大效率期以及测土配方施肥等技术。从易到难、从表观到原理进行了全面的培训，争取做到授之以渔，让学员们都尽可能了解技术的原理，使她们自己学会独立的购买和施用肥料。可能刚开始，大家对这些知识还不能完全的理解，但是，在每个作物生育季开始时，我们都会或多或少的向大家重复这些原理，同时，也鼓励学员们自己动手在自家地里布置不同配方、不同用量的对比实验，大家通过这些实实在在的效果逐渐学会了科学施肥。

慢慢地，我们发现学员们可以快速、正确地说出N、P_2O_5、K_2O的含义了，知道了小麦和玉米生长过程中有两个关键的施肥时期——营养临界期和最大效率期，要采取种肥和追肥的方式来解决，不能像以前一样图省事——施肥“一炮轰”，同时，有些学员也能够用她们的比喻说出对测土配方技术的理解，一次调研的过程中，“三八”田间学校的学院苗春莲说道“测土配方技术啊，我知道，它就是像养孩子一样，不能不管他饿不饿都给他吃，要看他缺多少就补多少，要补多了也浪费，还多花钱”想了想，她又说道“还污染环境呢！”看到学员们的进步，我们很是开心。大家从原来的几乎零基础，到现在可以独立的判断肥料真假、计算养分含量，还考虑到了环境效益。这样的回答让我们很是欣慰。同时，发生在“三八”农民田间学校校长王九菊身上的一件事，让我们更加振奋了，一次，肥料经销商又来村里搞起促销活动，这次王姐也过去了，然后就有了下面的一番对话：

肥料经销商：“在小麦播种的时候施用我们肥料 120 斤/亩，玉米播种时就不用施用种肥了，只要在大喇叭口期施用 10 斤/尿素就可以了。”

王姐：“那家里养孩子 18 岁之前不给他吃 ，18 岁以后才给他吃，不饿死他了！”

肥料经销商：“我们这种肥料有机质含量多于 40%，磷多于 10%”。

王姐：“但是你们这肥料含氮量才 4%，这样我还不如上点有机肥呢！”

尽管这位肥料经销商不死心，但在王姐的步步紧逼下，最终因抵挡不住王姐的“科学气势”落荒而逃。村里有了这么一群有着“科学气势”的妇女们，我想一些虚假产品肥料经销商们如果还想要通过几个赠品就把大家糊弄住，恐怕就没那么简单了。

这种情况在当前的农村中是常见的，就因为农民的科技文化水平低而没有能力判断，最终导致一次又一次的上当受骗，所以，“三八”农民田间学校不仅要让学员们地里的庄稼得到改善，还要让她们的科学意识得到加强，只有让她们学会用科学的态度来对待身边的事情，从观念上引导她们科学思考，才能让她们在“科学种田”的道路上走得更稳，更远。

针对第二个“村民没有购买肥料的放心渠道”的问题，学校粮食安全中心联合大型肥料企业，针对全国各个地区不同的土壤情况，研发了不同配比的肥料，针对曲周，我们也进行了“大配方，小调整”。制定了适合曲周当地的配方肥，为了使配方肥有一个安全的购买渠道，曲周科技小院自2012年开展了“测土配方肥整建制推进工作”并在全县召开科技农民大会，定期开课、发送科技短信等培养科技带头人，当然，“三八”科技小院也不能落后，作为科技妇女带头人，她们也积极投入其中，定期外出学习，争取帮助大家搭建一个购买肥料的放心渠道。

我想，有了问题并不可怕，关键在于我们是否可以发现问题的本质，是否可以用技术来武装自己，改变自己！

妇女们传播技术

田　净

成立“三八”农民田间学校的初衷就是想要培养一批科技农民，让她们可以独立、科学地进行农事操作。同时，也可以把技术传播给更多的人，在“三八”科技小院工作一段时间后，我发现把当地的技术集成与创新后，单靠我们的传播力量确实是不够的，所以，科技带头人至关重要。而调查也发现，当农民学到技术之后，她们很愿意把自己所学的知识传播给更多的人。

“三八”科技小院农民田间学校的学员们通过两年小麦玉米高产高效技术理论的系统学习后，逐渐明白了什么是N、P_2O_5、K_2O，学会了如何辨别真假肥料，知道了玉米成熟的三个标志……她们的科技水平相对其他农户来说，有了明显的提升。

尤其是我们“三八”农民田间学校的校长王九菊，各项技术应用的到位率相比对照农户有了很大的提升，产量逐年和大家拉开距离；另一方面，在实际的工作中我也逐渐发现，如果还用原来的方式向学员们定期培训的话，学员的积极性不再那么强。那么，有没有一种方式，既能提升大家的积极性，又让更多的人了解到我们的技术呢？

结合高产高效农业技术曲周示范基地之前开展的冬季大培训，我忽然想到，既然学员们已经掌握了很多的高产高效的知识，并且在自家地中也获得了高产，那么，学员们是否可以走出去，把自己所学的知识通过培训的方式告诉更多的人呢？让她们自己来做培训教师呢？在有了这个想法之后，我就及时地和王姐进行了沟通。

“王姐，您觉得通过咱们‘三八’田间学校这么长时间的学习，您有收获吗？”

“当然有了，这两年，咱们每周定期开课，学了不少东西呢，像什么测土配方施肥、精量播种、还有什么适时晚收等。我都记着呢，也都用了，产量真是提高了不少呢！”

“哦，是吗？王姐，那你愿意把你的高产经验给大家分享一下吗？”

“愿意啊，为啥不愿意了！”

“那要是咱们走出去，去其他村，你可以和大家讲讲你的高产经验吗？”

“啊，当着这么多人的面啊？我能讲好吗？”

“没事的，王姐，你忘了之前有一次咱们田间学校开课，还是你给大家讲的嘛！讲的就很好呀！另外，不是你一个人去，我想着咱们学员都走出去，到时，让学员们先来段舞蹈，把村民聚集起来，你再培训，好不好？”

“好！，不过你这几天得好好给我说道说道呀，我得赶紧练练，不能到时候一紧张把词给忘了！”

“好的，王姐，绝对没问题的！”

就这样，在我的“步步诱导”下，王姐接下了这个挑战，我也把这个消息告诉了“三八”田间学校的学员们，大家听说要去其他村文艺表演，都十分激动。还没等我开口，组织委员苗春莲就指挥到“那咱们赶紧把舞蹈都再好好练练，老董，你那胳膊没伸直！小四，你慢了好几个拍子！”而王姐，则钻进屋子里，对着为其量身定做的 PPT 课件，一遍一遍练习呢！小院一片热闹景象！不得不承认，让大家走出去，是一个正确的选择。

在前期准备充足后，我们联系了离范李庄较近的苏胡寨村，通过和村干部协商确定了时间和地点。晚上活动正式开始时，一段锣鼓喧天的秧歌吸引的村民们纷纷前来观看，原本冷冷清清的广场，瞬间挤满了很多人。之后，我们便趁热打铁，支起了投影，开始了科技培训。首先，我先向村民们说明了我们的来意，并隆重的介绍了我们本次培训的主讲人“三八”田间学校的校长王九菊的高产纪录，吊足了大家的胃口，在一片欢呼声中，王姐走上前来，用通俗易懂的曲周话和大家分享了她的高产高效的经验。看得出，王姐有些紧张，有些技术没有完全表达清楚，但看着讲台上的王姐，这一瞬间，我觉得很感动，为王姐、也为学员们感到骄傲，我有幸可以见证她们这三年来一步一步的改变。

这一夜，我是如此的激动和兴奋！

首战成功后，大家都激动不易，而我也确信，这是一件不论对学员还是对其他村民来说都有意义的事情，所以，为了使这项活动能够更好地开展下去，我们联系了白寨乡宣传部的韩部长，希望她能够帮助我们多联系一些村庄。当韩部长了解了我们的活动时，很是支持，表示会全力配合并建议我们可以为这个活动取个名字，一番讨论后，我们将此活动命名为“三八科技文化宣传行”。之后，我们又陆续在后老营村、前寨村、后寨村、致中寨村等村开展了科技文化宣传活动并添加了很多节目，例如学员自编自导的“科技快板”、“三句半”，研究生准备的“知识竞答”等，均取得了很好的反响。

我们一名 65 岁的“三八”农民田间学校学员激动地说到“咱们把曲周的每个村都跳一遍吧，我也要去给他们讲讲农业知识。”是的，在今后，“三八”科技文化宣传队要走过更多的村庄，让曲周农民朋友们在学习农业科技知识的同时，还能看到精彩的文艺活动，都充实而幸福着！

◎ 开场舞

◎ 科技农民培训

◈ 农业知识竞赛

◈ 活动后合影

附件：

三句半——妇女新生活

上台人不多，一共咱四个，说个三句半，快说：

一号文件中央发，减轻农民大负担，三农问题上下谈，真甜。

农民致富靠科技，种地知识学问多，先进技术谁来传，农大。

科技春风润心田，咱们搞起示范方，田间管理统一化，放心。

技术推广花样多，知识竞赛多红火，科学普及这样搞，很好。

种田种了几十年，才知配方肥料好，肥料变成脑白金，高效。

小麦玉米大西瓜，科学种田大丰收，扭扭秧歌跳跳舞，真美。

谁说女子不如男，妇女能顶半边天，男人在外俺能干，鼓掌。

老人孩子全能管，农业技术学到手，良种良法到地头，不赖。

传统手艺不能忘，闲来织布手工袋，开辟致富新路子，漂亮。

朋友我们携手行，明年能有好收成，农民致富上台阶，有名。

我们表演你来看，祝愿大家都幸福，家家踏步奔小康，快乐！

说到这里算一段，后面还有好演员，我们说的真不好，再见！

科技快板

打竹板，走向前，咱们台前来表演。

今天不把别的谈，“双高”农业来夸赞。

“双高”农业叫得响，农业专家来推荐。

配方肥，真是好，田间粮食来增高。

农业结构搞调整，沉睡大地被喊醒。
科技活动常开展，科技小院行在先。
小院服务真是好，信息平台多又广。
科技人才显身手，为国争光多光彩。

“一号文件”为民想，农民收入有增高。
顺应形势求进取，抢住机遇为发展。
农业转移大进步，务工农民收入高。
农民知识有提高，技术培训有功劳。

农业教育现代化，科技直通到咱家。
增收工作项目化，农民经济有提高。
合作社，为咱想，龙头企业带动强。
基础建设投入大，农民生活有改善。

产品发展有规划，农林产品多样化。
家庭农场要壮大，田间变成机械化。
“双高”农业增产高，农村有了大变化。
创建幸福新农村，咱们个个乐哈哈。

与梨树结缘

陈延玲

2009年，我从青岛农业大学本科毕业进入中国最高农业学府——中国农业大学攻读硕士研究生，专业是资环学院的植物营养学。当时，植物营养学科在张福锁老师的号召下开始从室内和大田研究逐渐转向农业生产一线。这样不但可以帮助农民解决实际性问题，而且可解决生产中的实际问题，真正做到将论文写在大地上。我们2009级的曹国鑫和雷友两名同学早在2009年4月份就跟随李晓林老师进入曲周生产一线打拼，他们在生产一线的事迹也感动着我们每一个人，当然也深深地感动着我这个从农村一步步走出来的孩子。经过几番考虑之后，我跟我的导师申请去梨树的生产一线做工作，因为当时梨树也已被确定为第二个要开辟的生产一线战场，而梨树这个战场的主帅正是我的导师米国华老师，这得天独厚的条件，让我近水楼台先得月。虽然当时米老师已经为我在北京安排好了实验，而且在北京相对要轻松一些，但是我还是决定放弃在北京的机会，跟随米老师到梨树闯一闯。米老师说正好12月份梨树有个农民座谈会，可以让我去梨树感受一下再决定是否到梨树工作，因为当时老师怀疑女生在生产一线能不能坚持下来。

转眼就到了去梨树的日子，我当时的兴奋可想而知，仿佛自己就已经属于梨树。长这么大，第一次去东北，而且是在北京都很寒冷的大冬天，从未感受过的严寒正在慢慢地向我靠近，火车一路驶过的地方都是白茫茫的一片，用千里冰封、万里雪飘来形容此时的感觉真是恰到好处。6个小时的火车，终于把我们带到了四平市，下了火车扑面而来的是刺骨的寒冷，但这些寒冷怎能抵过我内心对梨树的那种火热的憧憬。出了火车站，因为已经很晚，路上很滑，米老师决定让我们在四平住一晚，第二天再去梨树开会。

第二天早上7:30，我们就开始向梨树驶去，一路上尽情享受大自然的鬼斧神工，树枝上的雪花被冻住之后，宛如一幅幅美丽的素描画，当地俗称这个为“冰凌”，真是让我大开眼界。

大约半个小时之后，我们进入了此行的目的地——梨树农业技术推广总站，来的路上听米老师说今天主要和农民座谈，内容是高产竞赛获奖农户介绍自己成功的经验，据说这些农民种地都很有自己的一套。

进入会议室后，屋里坐满了五六十岁的老大爷，满屋子烟雾缭绕，衣服都是清一色的黑，这是梨树农民给我的第一印象。大家落座后，会议在梨树农业技术推广总站王贵满站长的主持下开始了，刚开始让农户起来介绍自己的种地经验，这些老大爷表现得都很羞涩，王站长说那我们挨着来吧，就从门口开始吧。第一个起来讲的人有些结巴，还很谦虚，讲完后，大家都给了肯定的掌声，米老师也给予了精彩点评，慢慢的，屋里的紧张气氛消除了，之后站起来的农户都侃侃而谈，很多农户讲得我都目瞪口呆，“光合作用”、“根系衰老”、“品种试验”、“种植方式试验”这些课本上的字眼竟出自五六十岁的种地老大爷口中，而且语言是那么的朴实，给我的感觉就像家人一样，我在心里给他们起了个名字“梨树科技农民”。没来梨树之前，在学校的新闻网上看到过关于梨树农民学科技用科技的报道，而这次是亲身经历并感受到了他们那种不但学科技用科技，而且还自己进行试验、钻研科技的精神，如果能跟他们在一起，我一定能学到很多在课本上学不到的知识，不仅是知识，关键是这种学无止境的精神。梨树有这样的农民，不创高产都难。我在心里暗下决心一定要跟米老师在梨树工作。30多位农户的经验一直讲到中午1:00多才结束，但是我还一直沉浸在这次专家——农技人员——农民三位一体的讨论会中。梨树的农民给我的第一印象是热情、朴实、谦虚、好学，我深深地喜欢上了这里，返回北京的路上，我跟米老师表达了我要参与梨树工作的心情，米老师说那我们就试一试吧。

没想到一试就是6年。就在写这个故事的时候，距离第一次去梨树已经6年了，6年之前第一次梨树之行时的我怎么也没想到会在梨树一待就是6年。6年好像一晃而过，但却又是历历在目，这6年我把最美好的青春都献给了梨树，从大学毕业时的23岁到现在的28岁，马上要博士毕业了，梨树给予我的太多太多，我与梨树的情愫很难用语言说清，仅用这个小故事也表达一下我当时对去梨树的一种渴望的心情，也是我第一次与梨树结缘。

◎ 第一年奔赴梨树科技小院的四位研究生
（从左至右：张永杰、郝静、陈延玲、芮法富）

◎ 科技味十足的“双高”竞赛农户座谈会

农民对于新技术的渴望

陈延玲

2010年3月，我们四个研究生（张永杰、芮法富、郝静、陈延玲）作为中国农业大学的第一批研究生正式进入梨树开展工作，我们的第一项重大任务就是开展梨树县的测土配方施肥调查，而令我印象最为深刻的是在四棵树乡付家街村和小宽镇西河村进行的调查工作。

3月5日早上我们刚到梨树，梨树农业技术推广总站的王贵满站长就给我们开了会，布置好了这次调查的任务；赵晓霞科长和我主要负责四棵树乡付家街村，中午我们没有休息，吃过午饭我们就各自奔向自己负责的村子，因为我们坐的是晚上的火车（没睡好），所以在去农村的路上就睡着了，到了农民家里时我还有点儿迷糊，可是他们的掌声震醒了我，还记得他们连续三次鼓掌欢迎我们的到来，记得满满的一屋子人，记得农民那一双双渴望的眼睛，我被他们深深地感动了。

虽然我们这次的主要任务是测土配方施肥调查，如果只是为了填那张简单的表格，我们完全可以发下去让他们自己填，但我们知道这样做的收获几乎是零。在芮玉奎老师的带领下，我们梨树小组达到共识——即使多花费一些时间，我们也一定要和每个农民交流。我们相信在交流中不但可以加深我们与他们的感情，更能发现农业生产中的问题，事实证明，我们的做法是正确的，我们不但保证了数据的准确性，而且还和农民交上了朋友。我们利用三天时间一共调查了付家街村 8 个社 161 户农民，发现了很多农业生产中的问题，其中令我印象最为深刻的就是农民对农业新技术的渴望程度完全超出我们的想象。几个农民的原话至今让我记忆犹新“不是我们不想上滴灌，也不是我们不想节水，是我们没钱上滴灌。去年看见王贵昌家(当地拥有 600 亩玉米滴灌田的种粮大户)的苞米上了滴灌，长得那么好，我真是眼馋啊！我曾去过他地里好几次，但兜里没钱上不起啊，滴灌实在太贵了，我们种的苞米也就够一年的生活，根本没有那多的钱来上滴灌。能不能向上面的领导反应一下给我们补贴一些钱来上滴灌技术，不是我们不想节水，我们也知道现在国家水资源紧缺，但我们确实用不起啊”。这是付家街六社的队长代表他们社向我们发出的感叹！

“如果今年机械能够过来，我一定采用大垄双行，能多打粮为什么不用呢？问题是机械啥时候能过来啊？”这是付家街七社的一位农民的心声，在他身边还有很多人这样喊着“我们都想用，都报名了，问题是机械啥时候能过来啊？”

“我能挖点自家的土上站上测测吗？”一个老大爷这样问我，“我知道测土配方施肥好啊，缺啥就能补啥，测了就知道我家那地缺啥了，以前他们挖了土也没给个结果，我们还是按以前的经验施肥，也不知道啥多了啥少了。”

与农民聊天中我感觉他们对新技术的渴望程度远远超出我们的想象，不是他们不想用，而是他们用不起、想用用不到、不知道怎么用，而这些正是我们农业技术工作者努力的方向，我深深地感觉到我们的工作任重而道远。

◎ 农民眼神中透露对科技的渴望

◎ 付家街村农户调查合影

梨树的滴灌技术示范推广是由我负责的，没去梨树之前，听他们说今年有十几个农民想采用滴灌技术，我当时很高兴，以去年王贵昌家的地为例，采用滴灌每亩地净收入将增加 326 元，1 公顷将增加 4 895 元。去了梨树之后我深刻地认识到，按农民一年家里的开支在 1 万元左右算，要想上滴灌家里的地必须保证在 3 公顷以上，因为农民种地首先要保证这一年的花费。就像前面六社社长说的“我们种 1～2 公顷地正好够我们这一年的花费，要是碰上干旱年份，还不够家里的花销，怎么可能有额外的钱来上滴灌呢?”我们发现沙土地上 3 公顷以上的户并不是很多，所以滴灌技术很难推广下去，一次性投入太多的资金，农民不愿意干，如果将农户组织起来，将土地规模化经营，必将降低投入成本，还能增加产量，但这可能还需要一段时间。

3 月 9 日，我和张永杰又去了小宽镇西河村调查，那里农民自身的科技素质非常高，对我们的到来非常的欢迎，有个老农的第一句就暖到了我们心窝里了，他说“我们盼你们已经盼了好久了，做梦都想让你们来，我们这里太偏远了，没想到你们还真能来，今年你们让我们怎么种我们就怎么种，我们完全听你们的。”就这几句简单的话说得我们心里热乎乎的——农民是如此相信我们，但同时，我的心里也沉甸甸的——感觉压力好大，如果我们做得不好，那将不仅仅是个人的事，我们代表了中国农业大学的形象，所以我们一定要竭尽全力做好，箭在弦上，我们必须向前冲。

◎ 农民眼神中充满了对科技的渴求

◎ 西河村农户调研合影

为期 1 周的调查结束后，经过综合考虑，我们决定把根据地定在西河村里，我们要和农民同吃同住，只有这样时刻跟农民在一起，才能发挥我们的作用，才能帮农民解决实际的问题。

纸上谈兵的小毛孩与"大地主"

陈延玲

6月的梨树县风景格外好，春风怡人，一望无际的玉米田令人心旷神怡！因为2014年是我第一次亲自种玉米，我还担任着付家街村科技村长，所以我几乎每天都挤时间到地里看看自己心爱的玉米苗，生怕有一点闪失。

2010年6月4日吃过早饭后，我与往常一样骑着自行车到地里溜达。因为前几日忙于调研的事情，没能到地里去看看，当天有半天的时间，可以去看看我的试验田以及周围农户的地了。我先来到了自己的试验田，这块试验田今年可算给我争光了，长的比周围农户的玉米都好，几天不见玉米苗都长了一大截了，看着很是喜人。看完了试验田和周围农户的地，我就不得不赶往付家街村最大的地主——王贵昌家的地里去看看，因为他自己家就有600亩地，可算是村里有名的"地主"，而且很懂技术和经营。他是我学习的榜样，所以，每次来我肯定得到他家的地里瞅上一眼，今天也不例外，但是刚到地里我就发现这块地的玉米苗子有问题——怎么叶片大部分都变成紫红色了呢？而且面积非常大，我在地里转了一圈，发现有些玉米叶子已经干枯了。这是怎么回事呢？是缺素还是药害？于是我就打电话给王叔（我们这些研究生都亲切地称王贵昌为"王叔"），问他什么时候打的药，看是不是打药造成的。他说这块地是苗前打的，不可能是药害。我说那缺素的可能性就比较大了，但这是缺什么呢？这么严重！看上去像缺铁，但我又不敢肯定，于是就打电话询问米国华老师并把玉米苗子的症状一一描述给他听。米老师说是缺锌。我想缺锌怎么会是这个样子呢？缺锌叶片不应该是白色的吗？怎么会是紫红色的呢？米老师说缺锌严重了就是这个样子，并且嘱咐我仔细看看有没有发现叶片有白色的。听完米老师的话，我还是将信将疑，因为在这块地里确实没有症状比较轻的，所以，我又赶往他家的另一块地。

一到另一块地里，我傻眼了！这块大约 6 公顷的玉米地，玉米叶脉间失绿，呈淡黄色或黄白色，叶片基部发白，这不是典型的缺锌现象吗？并且在这块地里我也发现了紫红色的玉米苗，症状与之前的那块地一样。看来米老师说的没错，是我知识没有掌握扎实，于是我又一次拨通了米老师的电话，报告了这里的情况。米老师说现在能解决的办法就是叶片喷施硫酸锌。于是我赶紧打电话让王叔过来看地，到了地里，他也有些傻眼了！我跟他解释说这是缺锌，但是他不信，说他施肥的时候已经施过“微量元素全家福”了，那里面含有锌。因为王叔是一个非常懂技术的“大地主”，所以，直到现在两个多月过去了，我们这些研究生在他眼里还是只会纸上谈兵的小毛孩，这一直是我心里的痛，这次也不例外，还是不肯相信我说的。我真是有些气恼，不过，转念一想，要是这次我把这个问题帮他解决了，也许我们就能得到他的认可了。

◈ 缺锌严重的玉米苗

就在王叔还用自己的一套老办法——到处打电话向一些农业部门人员询问玉米苗子产生这种症状的原因时，我已经在他的地里划出一小块地，给叶面喷施了硫酸锌并做了对比试验。我每天都去观察玉米苗子的变化情况，3天之后，喷施硫酸锌的玉米叶子逐渐恢复了绿色，没有喷施硫酸锌的玉米叶子逐渐变成了紫红色。我立即打电话给王叔，让他来亲眼看看我的试验成果，我现在还能记得他当时看到试验结果的表情，“目瞪口呆”也不足以形容呢。王叔迅速打电话叫人买了硫酸锌，并按我说的浓度大面积喷施了，这才挽回了一定的产量损失——因为耽误已使当时有些缺锌太厉害的苗子死掉了。这次血淋淋的教训奠定了我这个只会“纸上谈兵”的小毛孩在他这个大地主心目中的地位。

第二年种地的时候，王叔很自觉地按我说的方法每公顷土施1.5～2公斤硫酸锌，之后，我和我的师弟又在他家的地里做了滴灌试验。每次我们灌完肥不用跟他说，他很自觉地第二天接着就把自己家的地灌上肥，秋后测产的时候，他家的玉米产量比往年增产30%。看着王叔脸上洋溢着满足的笑容，我也感觉很有成就感。这也许就是我们科技小院的作用——驻扎在农村，用实际行动帮农民解决农业生产一线的实际问题。农民收获的是粮食丰收，而我们这些研究生们收获的何尝不是丰收，而且是论文和精神的双重丰收！

妙招除虫害

陈延玲

2010年5月21日，梨树的春玉米大面积播种已经过去了15天之久，按照梨树当地的积温和往年的经验，我们盘算着这个时候地里的玉米80％～90％都已出苗，于是5月20日晚上我们从北京赶往梨树。21日一大早，我们梨树小组全体成员（米国华老师、芮玉奎老师以及张永杰、芮法富、郝静、陈延玲、陈晓超5名同学）就在米老师的带领下赶往我们的重点示范村西河村考察苗情。

与往常一样，我们决定首先到西河村的联系人住处，也就是郝双家里。郝双是村里有名的“土专家”，在村里很有名气，人缘也很好，这给我们在西河村开展工作奠定了很好的群众基础，我们也亲切地称他为郝叔。

这次为了给郝叔一个惊喜，来之前我们并没有跟他联系，看到我们的到来，郝叔喜出望外：“今天你们真是来对了，我这边正好遇上个棘手的问题，正想着给米老师打电话请教呢，盼着盼着你们就来了。”大家也被他的这段话逗乐了，这时我发现屋里面还有一位老农，这位老农似乎有心事，愁眉不展，我看着他一直盯着屋里的那张桌子上的东西看，我走近一看，吓了一大跳，桌子上，密密麻麻的都是些虫子，几个玉米叶子也已经被这些虫子吃得惨不忍睹，我这辈子最怕的就是这种没有脚的软体虫子，不由得惊叫了起来。这时，郝叔说：“这就是我正头疼的问题呢！”于是他便向我们叙述了整个事情的经过。从郝叔的叙述中我们得知，原来这位愁眉不展的老农家里有1公顷的玉米地都已经被这种虫子吃得所剩无几了。刚才我们也见识到了这种虫子吃玉米叶子的本领，现在的问题是不知道这是什么虫子，无从下手防治。本以为我们能帮助他们解决这个问题，但对于我们这些学植物营养的人来说，病虫害防治非我们的专长，这有点难倒我们了。这时，米老师说："之前我们不是买了一些病虫害防治方面的书放到你这里了吗？拿出来对照一下，看看能不能有所发现。同时到网上查查，看看网上有没有类似的照片。"于是我们几个人各自分工，查参考书、上网搜集资料，通过大家的共同努力，我们基本确定此害虫为地老虎的幼虫。为了确保信息的准确性，我们又与梨树县植保站孟站长取得联系，通过网络连接传输照片，大家一致认为是地老虎病害。从搜集到的资料来看，处理这种地老虎病害的方法一般是用辛硫磷灌根，在其未长大之前及时将其消灭。

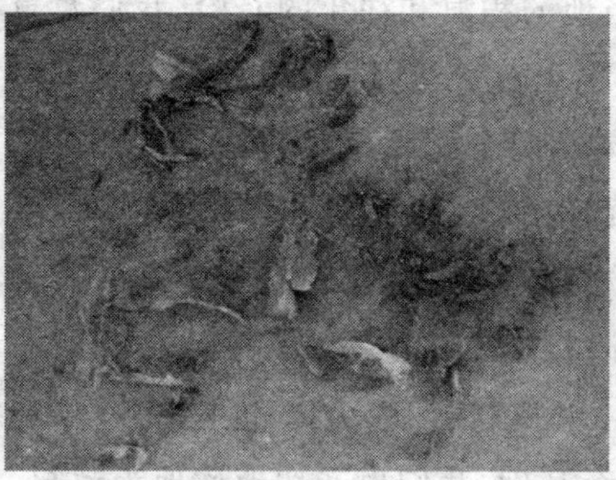

◈ 作恶的地老虎

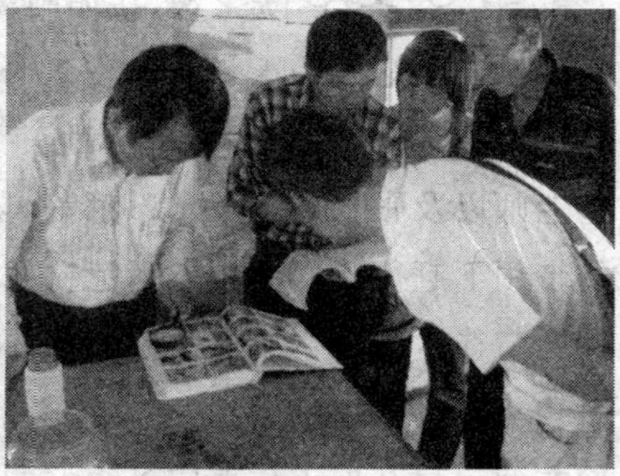

◈ 大家共同鉴别虫子

随后我们又跟随郝叔来到了发生虫害的地块现场，确实发现多数玉米叶子被虫吃过或者是枯萎。我们在地里仔细观察也发现了我们之前所见的地老虎幼虫，这块地80%玉米苗都已被地老虎吃过。通过进一步了解，我们得知这一地块去年种植大豆，可能由此导致了地老虎的繁衍。这时我们又发现在所有受害的玉米苗中只是零星地找到几个虫子，大部分虫子都很难找到，这可能是为什么很多资料介绍的处理方法都是用灌根，而不是直接打药的原因，但是1公顷玉米至少要6万株苗，灌根得灌多长时间啊？既然地老虎是夜间活动，那我们为什么不在夜间打药呢？郝叔说夜间打药，这是西河村历史上从未有过的，他准备和这位老农一起试一试。

◎ 地老虎啃食玉米

◎ 病害解决后喜笑颜开的老农

老农家的虫害防治总算告一段落，后续的工作，就看打药的效果了。随后我们又与郝叔一起来到其他重点示范户地里，同样也发现了地老虎危害现象，但是发病率较低。我们及时通知了重点示范户抓紧时间预防，同时我们还联系了当地的植保站通知农户及早预防。以防其大面积危害。

由于第二天要进行我们几个研究生的开题工作，我们不得不回到县城，不能亲眼目睹夜间打药这个精彩画面真是遗憾。第二天一大早，我们就接到郝叔打来的电话，说是昨晚 11:00 打的药，今天一大早就发现很多虫子都死在地面上了，打药的效果非常好，这真是一个妙招！听到这个消息，我们真是太兴奋了，夜间打药防治虫害，这可是当地历史上从未有过的，更重要的是帮助农户解决了实际问题，也许这就是我们科技小院的作用，虽然我们不是病虫害防治专业的，但是我们可以利用各方资源帮助农户解决实际问题，这本身也是一种创新。

科技小院，感动常在

贺小龙

各个科技小院每天都在上演着令人感动的故事，尽管每个小院所在的村子不大，但是这些故事却那么富有感染力。这些故事都将作为最珍贵的回忆长存在我们脑海里，既是我们每个科技小院学生成长的见证，也是中国农村农业发展进步的一个见证。

梨树科技小院从履行小院职能开始到如今已经有 5 个年头了。这 5 年里，梨树农业的发展之快可以说是超乎想象，从最开始普遍存在品种繁杂、密度过小等一系列阻碍作物高产的生产问题，发展到如今成立农民专业种植合作社规模化经营，一批又一批的科技小院学生发挥了重要的作用。

我是从 2012 年 4 月份跟随师兄师姐到梨树的，可以说是开始了真真正正地接触农村、接触农业。尽管我的家也在河北的一个小村子里，但是却从来没有对农民的生活方式、作物的种植方式及种植技术等有过深入的思考，总感觉生长在农村，对一切都是那么的司空见惯。尽管自己是一名大学生，但是思想和思维方式却犹如好几十岁的农民，从来没有想过这里面还有这么大的文章。身为一名科技小院的学生，需要将新技术、新知识传递给农民，对于我自身来讲可以说既是机遇又是挑战。

回顾这两年在科技小院的学习和生活，已经有种想要感叹的冲动了。有句话说得好“经验可以分享，但是经历不可复制”，只有亲身经历了科技小院的发展，才能收获属于自己的成长，品尝自己的感动。细想一下，感动自己的人和事真是不少，每一个人每一件事都像是刻在了脑子里，回想起来就宛如发生在昨天。在这里，我只说两个我在梨树这段时间里很重要，对我帮助也很大的人。

我们每个科技小院的一个共同特点是都由学生当家。由于老师们平常工作较忙，不能每天都待在科技小院，所以就逐渐形成了由博士生带领硕士生开展工作的一种新型培养模式。在此，不得不提及我的博士师姐——陈延玲同学。她也是带给我最大感动的人。她最先驻扎在梨树，不光见证了梨树农业的发展，更是梨树科技小院的一手负责人。5 年间，她在梨树送走了她的同学又迎来了一批批新的师弟师妹，也已经凭着自己的努力，从开始的“科技村长”晋升到了现在的“科技乡长”职位，是当之无愧的“梨树一姐”。当然，带给我感动的不仅是她如今的成就，更是她的经历，她对我们每一个师弟师妹的帮助。凡事开头难，科技小院的发展也是一样，刚去梨树的那段时间里，她们从舒适的象牙塔落在了茫茫黑土地上开展了一系列重要的生活和技术基础工作，对梨树县做了大范围的调查工作，推广了测土配方施肥等，在克服一个又一个困难的过程中，她坚持了下来，也让梨树科技小院的精神旗帜飘扬在了梨树土地的上空。

◇ 雨中调研

◇ 累啦！歇一歇

另外，不得不提的就是梨树科技小院每个学生口中的“郝叔”——郝双。这是一个传奇的人物，最先听到关于郝叔的介绍就是他曾去朝鲜指导当地农民种地，顿时就让我们的嘴张成了 O 形，这已经足够肯定一个普通农民的成绩了。他还率先在2008年成立了农民合作社，体现了他一个科技农民的前瞻眼光。郝叔也是和我们科技小院学生接触最多，关系最好的一个农民，我们从他身上能够学习的东西太多了，不说别的，就为了他在已经快70岁的年龄仍然奔波在农业发展的前线上，只此一点就足以让人敬佩。郝叔带给我们的除了感动，就剩下我们对他的心疼，每天既要照顾着自己的合作社，还要管理泉眼沟实验站与我们学生沟通实验遇到的问题，更要随时准备着与王站长讨论工作，我们每天真的只能望着郝叔骑上摩托车的背影，祈祷他一切安好，在他因为太累在座椅上一靠就进入梦乡的时候给他盖上一件衣服。这样一个老人的所作所为，随时都能打湿我们的眼眶。如今，郝叔的头衔也有很多吉林省农村实用型专家、三农人物候选人，上过人民日报头版等，但他永远是一名最朴实的农民。

◈ 和科技小院学生一起调查虫害

◈ 土专家和农大专家

我总有一天会离开最亲爱的梨树科技小院和一帮最亲密的小伙伴们，但是我的足迹曾踏上过梨树这片热土，我的身影也留在大家的记忆中，想与大家分享的一句话就是“科技小院你不孤单”，在接下来的日子里，感动依旧继续。

探讨科技小院学生生存技能

贺小龙

如今，科技小院的发展已成星火燎原之势，一批又一批的有志学子放弃了学校舒适的条件来到农村，入驻到科技小院。他们深入基层一线，与“三农”开始了紧密接触。

每个学生进入到科技小院的时间有长有短，少则两三个月，多则三五年，但是问到他们的进步时，他们都可以不假思索的跟你说出一大串自己来科技小院前后的差异。2013年年底的时候，张福锁老师组织了一次科技小院工作汇报会，要求每个学生向大家讲述自己在科技小院的故事和取得的进步，也正好有那次机会可以见证其他科技小院的故事，最终都能够互相进步。说起科技小院的学生，用一句话形容是再贴切不过了，即“上得了三尺讲堂，下得了油烟厨房”。多数人在去科技小院之前都是比较腼腆的，在人前都不敢高声讲话，更不要说向老师一样在课堂上口若悬河了，但就是因为有了在科技小院的经历，大家变得都不一样了，已经完全可以自己组织给农民培训，也能够向参观科技小院的来宾讲解，这些变化足以让我们自己都吃惊。住在农村，衣食住行都要自己解决，以前“衣来伸手，饭来张口”的日子一去不复返，冷不了给你自己个厨房面对着锅碗瓢盆还有点发怵，但总归是难不倒我们优秀的科技小院学子，很快地，大家的厨艺都能够像给农民培训一样上得了台面了。好男人会做饭更是来之不易，姑娘如果遇到我们科技小院的厨师，你就嫁了吧！

如果说给农民培训和学会做饭还只能算是在科技小院生存的两项基本技能的话，那么像他们自己讲的给农村粪池清理、修理电动车、自己动手装修房子等就称得上是技能升级版了，下面我就把我们在梨树科技小院的一次技能升级给大家讲一下。

梨树科技小院的院址选在了四棵树乡三棵树村唯一的一个二层小楼内，该地交通便利，屋内房间多、炕大，可以满足多名学生的休息，有厨房，还可以办公、做实验等，院子内有仓库可以晾晒样品。因此，最初就把科技小院院址选在了这里。在梨树科技小院住过一段时间的人都知道，这里唯一美中不足的地方就是房间内比较潮湿。由于当初盖房的时候没有设计好，一遇到下雨天墙上便会渗水，最初曾装修过一次，但是几年下来墙上的白灰已经斑驳了，成块成块地往下掉。因为我们计划 2013 年 6 月份在这里召开一个现场会，同时让全国各地的老师们参观一下我们的科技小院，所以在 5 月中旬一段空闲的时候，我和师兄伍大利便决定自己装修一下科技小院的屋子。说干就干，由于装修这活听过见过没干过，终于在打了多个电话请教之后，买齐了所用的涂料、水泥、工具等。

◈ 斑驳的墙面

◈ 搅拌石灰

◈ 简单的晚餐

◈ 和老师们在科技小院合影

刚开始决心自己来完成这件工作时，更多的是一股新鲜劲，想着反正也是自己住，就算装修不好也不会嫌弃，何乐而不为呢？于是，我们就在这股精神头的支撑下，连续奋战好几天，终于可以说是把屋子弄得像模像样了，起码是整洁亮堂了好多，如果不仔细去看，感觉这刮大白的水平还真的可以。如今，再回想那几天，就和我们认识的农民工一样，裤子上脸上都是沾的白灰，小一块大一块，累的时候饭都没心情做，简单的下两碗面条便心满意足，在做这个工程的同时，我们心里是快乐的，轻松的，没有什么做好做坏的心理负担，偶尔还可以自己涂鸦创作一下。当这样一个工程结束之后，看着洁白的墙壁，吹着过堂风，我们由衷地佩服自己。

团队作战测产进行时

贺小龙

梨树科技小院一个典型的工作特点就是团队作战，无论是对农户走访调研，还是完成科技小院学生各自的科研实验，“梨树一姐”陈延玲每次都会根据工作量的大小合理安排人员，既要圆满完成工作任务，又要保证效率最大化，同时实现作物和学生的高产和高效。梨树科技小院的团队工作方式也已经得到了多位老师的认可和高度评价，纵观国内外，但凡在各自领域取得突出成就的集体和个人，背后都会有一个强大的团队作为支撑。

说起我们的团队作战，最典型的就是每次玉米生育期取样以及最后的收获测产。每到测产时，大家的心情都会有一股波动，一方面这基本上是我们一年中在科技小院里的最后一次团队合作；另一方面，测产也就意味着收尾，意味着我们即将告别这片留下了我们笑声和汗水的热土。而且 2013 年的实验地测产更让人印象深刻，每次想起来也都会让人津津乐道。

梨树入秋以后的早晨格外的凉，一大早我们便穿上工作服向实验地进发，那天的任务是完成机械化施肥实验地最后的测产工作。由于受到 8 月中旬的大风影响，实验地发生了部分倒伏，这给测产工作带来了很大的不便。尽管秋日的天空比以往显得都要蓝，但是头顶的太阳依然毒辣，好似不甘心被早晨的凉爽抢了风头，这个时候拼命地发挥它的余热，害得我们大汗淋漓，但至少我们都坚守一个原则——认真，严谨。在几个小时的奋战后，迎来了令我们激动的 lunch time。说到午餐，多亏了我们科技小院的几位大厨们，至少在我的记忆里，没有一顿饭不是吃了上顿想下顿的、色香味俱全，这也是我们梨树小院的一个招牌。

下午的工作依旧繁重，大家也是铆足了劲地干，但计划还是没赶上变化，不知不觉夜幕已经降临，再将几十袋玉米从地里搬到地头后，大家都有些虚脱了，然而坚持就是胜利。这时，曲周科技小院的曹国鑫同学也完成了他的调研来到地里与我们并肩作战。夜已经完全黑了下来，秋天的夜晚和早晨一样被凉气笼罩着，再加上一下午的体力消耗，我们每个人都会对那一碗热粥、一张热炕心生幻想。然而，幻想归幻想，活还是要干完的，伴随着一阵刺眼的车灯光，我们望眼欲穿的拉货卡车终于来接我们啦，面对着一堆的玉米，只能硬着头皮往车上运，一个往外扛、一个往车上搬、一个在车上码，三个男人一辆车在搬运，女生给打灯光、拍照，留下了我们这宝贵的回忆。

◈ 三个男人搬玉米

◈ 测产归来

看着满满的一车样品，大家又发愁了，测产的玉米可以安安稳稳地拉回实验站等待处理了，可是人呢，怎么回去？最后还是一咬牙，大家决定再一起享受一次“敞篷跑车”的待遇，吃着瓜子唠着嗑，就这样在黑夜星光的陪伴下，在上下左右颠簸摇晃的状态中，开始了返程之旅。

测产归来兮，不亦乐乎！

初识梨树

苏效坡

2012年我报考了中国农业大学植物营养专业研究生，慕名投于米国华老师门下，上的是农业推广专业硕士学位。当时也没想太多，甚至连专业硕士的概念都没有搞明白，后来才知道植物营养系的专业硕士研究生采用的是“科技小院”的培养模式，需要深入到农业生产一线去开展科学研究和技术推广。就这样，我在本科毕业后就进驻到了梨树科技小院。

刚到梨树，米国华教授就给我明确了工作——首先是负责农机农艺结合高效施肥试验，然后要协助师兄师姐开展高产农户的跟踪调查和推广服务。梨树的一切都是那么的让我新奇和陌生，玉米地、农户走访、田间试验……，我竟像一个小学生一样无所适从了，这让我这个读了4年农业大学的农村人情何以堪！还好有师兄师姐们指导我，可以边做事边学习，而我也深深地被梨树广博的田园风光所吸引。作为一个南方人，印象中的梯田自小就萦绕在心头，乍一来到天高地远的东北大地，放眼望去尽是无边绿色，有一种豁然开朗的豪迈之感，特别是6月底的玉米拔节期，满眼绿色昭示的是旺盛的生命力。这就是我对东北的农业最初的认识。

当然，这种认识是不全面的，要想真正地了解梨树的农业，就要深入到田间、深入到农民之中去。2012年，为了推动梨树县的高产竞赛活动，梨树科技小院的我和同学们需要在玉米的每个关键时期走访高产农户，为农民做技术指导，这让我有了极好的机会去学习高产玉米种植技术。同时，我们也会从农民的地里提取数据、采集样品用以研究高产玉米的群体特征。当时我对此此项工作的认识还挺模糊，反正每次走访都是满载玉米植株而归，好像下玉米地就离不了菜刀，以至于我一度觉得工作就是在不停地砍玉米。走访过几次后我发现每个农民都有自己的一套种地技术，而且对自己的那一套种地技术非常自信，农民对技术的掌握程度让我心生敬意，值得我去学习体会。

走访高产农户的时候，最有趣的当属和农户们聊天了，那地道的东北话说得我跟听小品似的，当然对话内容可不是闲唠嗑、瞎白话，说的都是他们自己摸索总结的种地经验。虽说我已经上了研究生了，但当时对于玉米生产既没有理论知识也没有实际经验，只好躲在师兄师姐们身后甘当小学生，向这些“师傅”们学习，当然这些“师傅”还真不是盖的(方言“虚假的”)。比如农户杨宝友在自家的地里试验了几个品种的玉米，用产量来说话而不是光听经销商的宣传，而且还试验对比了各种不同行距的栽培模式，包括自创的“双排玉米”栽培模式。其科学性咱先不论，但是他这种跟地较劲的精神足以让我们这些研究生起敬的了。再比如说科技农民郝双，一直以来都充当着我们的“顾问”，试验地出了问题我们都会咨询他，每次去西河村调查的时候，他都会领着我们在地里转悠一圈，向我们介绍田间玉米的长势，也会就发现的病虫害等问题向我们做详细解说，这样的言传身教使我们受益良多。在梨树县，像这样的科技农民典型还有很多，他们对当地普通农户的影响极大，带动作用不容小觑！

有时候我就在想，这些科技农民要是哪天再上网下载几篇文献看看，那就没我们什么事了。当然了，总体来说农民在理论方面还只是知其然不知其所以然，因此我们在学习经验的同时，也需要向农民们传递先进的农业技术。当初在我看到《梨树县玉米高产高效技术规程》的时候，还觉得就两页纸的内容，照着做很容易的，后来发现真正推广起来的种种难题，才感到还是需要循序渐进地推进。

在梨树，大大小小的走访调查也经历了不少，对梨树的农业发展现状也有了更深入的了解，但是 2012 年的高产农户走访活动对我来说影响最为深刻，也让我迅速融入到工作当中，在跟土地、跟农民打交道的过程中也让我得到了多方面的历练。在梨树一年多来，对我改变最大的竟然是改变了我这个农村人对于土地的认识，而我也很荣幸地投身到了现代农业的发展方向探索之中，使我坚信农业大有可为！

机械化助力现代农业大发展

苏效坡

刚来到梨树时着实被这里壮美的农田景观震撼到了。看到这里土地面积大而又平整，就觉得这里的机械化程度不会太低。随着了解的深入，发现这里的玉米种植已经完全可以实现全程机械化了。一季玉米的生产环节大致包括整地（灭茬、旋耕、起垄、镇压），播种，施肥，病虫草害防控，收获等环节，所有这些都有相应的机械能够完成，甚至多个环节一次完成，节省了大量的人力劳动。当然农民也不会完全依靠机器，比如打药以及最后的收获，多数农民还是会人工完成，但即便这样，也足以让忙碌的南方农民心生羡慕了。

在梨树，许多农民家里面都保有农机，即便没有也会花钱去雇机器来帮忙种地。随着梨树县土地规模化经营的持续发展，对农机的需求也越来越大，许多农户种完自己的地后，以提供农机服务来赚取额外收入，甚至有的人自己不种地，而专门提供农机服务。如今梨树已兴起了多种形式的农机合作社，这其中最大的当数宏旺农机合作社。

宏旺农机合作社由张文镝、张文建两个双胞胎兄弟于 2007 年创办，现有数十台各种农机，光免耕播种机就有 30 多台，硬件相当雄厚。他们为多个种植合作社提供农机服务，2013 年播种面积达到 1 000 公顷以上。2013 年春播时，由于播期很短，播种机一下子变得异常紧张，不管是农民个人还是合作社都为了找播种机大伤脑筋，宏旺农机合作社的农机手们夜以继日地工作，才勉强为几个主要的种植合作社播了种。后来梨树县农技推广总站针对春播进行了一次走访，几乎所有的人都反映机器难请，经过这次的波折，各合作社纷纷痛下决心要自己购置农机。可见农机的作用已经日益突出。

梨树科技小院与宏旺农机合作社建立了紧密的合作关系，我们的试验地很多是由他们给种的。我的研究就是关于机械化施肥的，因此跟他们的接触就更为紧密了。我的研究是要在玉米上实现生育期追肥，真正实现全程机械化作业。引进的高地隙追肥机就一直放在宏旺农机合作社，由他们进行改装和操作，除了对试验地追肥之外，还对普通农户进行示范推广。当初接受机械化追肥试验的时候，正值玉米追肥期，而我当时对机械一窍不通，幸亏有宏旺农机合作社张文镝和张文建两位大哥的帮助，才让我的试验能够顺利开展。搞农机也要求有过硬的技术，机器的操作、维修、保养都得懂，譬如说种地的时候，你技术不行，出现漏播了或是走偏了，老百姓不满意找你算账。这方面我就非常佩服张文镝和张文建两位大哥，不仅驾驶技术过硬，改装机器也手到擒来。记得 2013 年秋天，我要用新运过来的条耕整地施肥机对试验地进行秋整地施肥，而新机器不能满足作业要求，需要进行改装。这项工作自然还得依仗他们二人。条耕整地施肥机想要正常作业，要将肥料箱往后挪 1 米，再将作业臂减至两组。当我提出改装的具体要求后，张文建拿出卷尺比画了几下，就算出了需要的钢材长度，买来钢材以后他说改装的事就交给他了。第二天早 7:00 我再过来的时候，机器已经改装完成了，原来他们很早就开工了。经过反复的调试，条耕整地施肥机终于赶在上冻之前将肥料施到地里，万分感谢他们总是在百忙之中为我抽出时间。

这两年来梨树县一直在推动生产方式和经营方式转变，土地规模化经营理念已经深入人心，加之农村劳动力的持续转移，以种植合作社为代表的土地规模化经营模式在梨树遍地开花，规模化经营为大规模的机械化作业提供了可能，也催生了各种形式的农机合作社。目前梨树的这种规模化的热潮也让我看到了现代农业的发展趋势，而我也将继续研究机械化施肥技术，以机械化助力现代农业大发展。

吨粮田测产的"悲剧"

苏效坡

提到2012年，不得不提的是吨粮田测产的事，那天我们可谓是"背"到家了。且让我娓娓道来……

经过前期对各高产户的测产，我们确定了两户农民有创吨粮的潜质，分别是双河乡陈大窝卜村的刘兴军和小宽镇西河村的陶树山，而且这两户报名参加了"东北玉米王挑战赛"，为此梨树县邀请了专家组前来测产，而测产结果将直接决定挑战赛的名次。

那天先测刘兴军的地，我们一大早就到了刘兴军家里，等待专家组的到来，没事还跑到了刘兴军的地里去摆拍了几张留念照片，大家看了他地里的玉米，都觉得非常有信心能创"吨粮田"。

在期盼中我们终于等来了前来测产的大专家，紧接着就进入到田间测产。"吨粮田"的测产非常严格，要一亩地实收实测且重复三次。为了保证测产的公正性，专家们全程亲自上阵，我们学生能做的就是掰掰棒子跑跑腿。说到掰玉米棒子那可以说是我们的最爱了，在地里忙活了大半年，到了这收获的时候能不激动吗！这玉米棒子掰的是争先恐后、畅快淋漓，掰的我万分"解恨"……掰完棒子得过数、称重、取小样测含水率，再折算成标准产量。前两个点的测产效果非常好，产量达到了1 040公斤/亩，大家都兴奋不已，都觉得这吨粮田基本上没问题了，而肥料商把"中化化肥"的横幅都已经拉上了，农户刘兴军也在接受电视台的采访——都在做“获奖感言”了，一派欣喜。转眼间却见专家们往回撤了，留着我们这些看热闹的在后面干愣着。一问才知道专家在测第三点时发现农户有作弊嫌疑，愤然取消了他的参赛资格！得知真相后，众人皆唏嘘不已，好不惋惜。就这样，这块“吨粮田”像这秋后的玉米一样——黄了。没办法，科学追求的是真相，所有不实在的东西都是不能被容忍的，收拾好心情我们赶往下一点——小宽镇西河村，另一种真正的悲剧开始了……

在路上，天就开始淅淅沥沥地下起了小雨，到了地里，农户陶树山已经在迎候多时了，看他的衣服都淋湿了。专家们一开始还准备进地测产，但进地一看觉得水分太大，不能测，得等雨停了，这一等就等出了后面的事。

由于在下雨，我们躲在车上聊天，其他的好几辆车都停在这地头的小道上，下着雨也不方便来回走动，都在车里坐等雨停。我竟然打起了瞌睡，恍惚间被一个声音叫醒，是师姐叫我去推车，这才发现时间已经过去一个小时了，还是不见雨停，还有越下越大的趋势，专家们决定先撤，改日再测，可当车动起来以后才明白现在想撤可没那么容易了。

这雨已经下了一个多小时了，这土路上变得异常泥泞，车辆想撤就得原路返回，可打头的那辆车底盘过低，陷在泥里面不能动弹了，所有的车都卡在那里了。师姐就是叫我们去推那辆车，我们把地里的秸秆厚厚地铺在路上，然后狠命地推车，这黑土掺了水可真是黏，铆足了劲还是无济于事，专家们乘坐的是越野车，看我们推不出去，竟然从收割后的稻田里绕到路上开出去了，后来实在没辙，找来拖拉机将车子一台一台地拖出去，我们学生的车子在最后，前面的车子把路已经轧得不像样了，我们的车没开多远就抛锚了，我们又下车去推，后来还是被拖拉机拖出去的。我们走在烂泥里面，郁闷极了，这时候看到前面有个穿雨衣的拿着相机在拍照，大家都在责问“是谁不过来推车还有心情在这拍照?!”走进一看，原来是米老师，他已经随车出去了，得知我们困在这不放心，又折回来了，有他在我们感觉温暖多了。车终于拖出来了，我们感觉噩梦总算结束了，车还没走几步就停了，没油了，但指针还显示油很足！只得叫小宽镇的农技推广站长去帮忙买油，他这一去又是一个多小时，后来才知道他跑了三个乡镇都没有买到油，最后跑到了孤家子垦区才弄到了一点油，我们再一次震惊了。

当车再次开动后，我们大家也开动脑筋把发生的事梳理了一遍，这时已经没有那么郁闷了，反倒变得非常的兴奋，觉得这一天的经历太神奇了。但身体的疲惫倒是实在的，衣服早已是满身泥水，为了见证"吨粮田"的产生，我们那天都穿得挺体面的，还指望着合个影留恋一下，怎么也没想到会这样，记得刚下去推车的时候，还顾着我脚上的白鞋怕弄脏了，可当踩进一个水坑后就再也不管不顾了，全力去推车，最后被甩了一身烂泥巴。10月中旬的东北已经很冷了，湿透了的我们难受极了，回到试验站已经晚上八九点了。

第二天米老师告诉我们，昨天先走的那两台越野车在路上都扎破了，他们弄到半夜才回去的。我们都笑言："谁让你们先溜的！"我们也试图解释为什么会那么倒霉，米老师说这就叫好事多磨，我们的解释就简单多了——出门没翻黄历，因为黄历上说昨天"诸事不宜"。当然在调侃之余的，我们都觉得这是一次难忘的经历，大家一起经历的风风雨雨必会成为日后珍贵的记忆。确实，这件事到现在还不时被提起，成为大家津津乐道的谈资。

在生产一线开展研究工作就是这样，有时候忙活了很久只为一个数；做了很大规模的走访调查，工作量很大，可整理出来就是一张图或一个表。都说基地工作不容易，这其中的滋味要经历过才能体会深刻，正是这样的经历给了我们充分锻炼的机会，在基地有苦有累，但我依然乐在其中。

梨树新生之感触

夏婷婷

我与梨树之"孽缘"

2013年3月中国农业大学资源与环境学院植物营养专业研究生复试的日子,带着期盼和梦想的我第一次远离家乡来到繁华的北京城。还没来得及细细欣赏首都的美景,我的心就被一个在当时不知是好是坏的消息紧紧地揪住了——我被中国农业大学资源与环境学院录取为专业学位硕士研究生。这是我完全没有料想到的结果,是在完全没有心理准备下得到的。虽然事已定局,复试已落幕,我也回到了本科学校,但是我始终纠结着要不要上这个与自己预想相悖的研究生。3个月后,在我还处于纠结状态中时收到米国华老师的一封邮件,让我暑期提前到梨树基地适应那里的生活和工作环境,我知道是我必须面对的时候了。

2013年6月18日,带着迷茫和忐忑的我独自坐上了历时24小时到达吉林省四平市的火车。在这整整一天一夜时间里,我幻想了无数种在东北基地生活的场景,我忍不住向身边的人询问东北、打听中国农业大学在东北梨树的实验站等情况;漫漫长途,我不得不想想自己想家了怎么办、想父母了怎么办?抵达目的地,看到试验站齐全的设施,接触了基地里热情的师兄师姐们,我原本忐忑的心情平复,感触到的是他们发自内心的欢迎和接纳我成为他们当中的一员。在梨树，我改变自己原本消极的态度，积极参与到科技小院的工作和生活当中，让自己融入科技小院、融入当地农村、融入农民的生活当中。

我与梨树之感情

刚到梨树我就赶上了梨树基地每年的玉米高产高效专家研讨会和现场观摩会，在这次会议上我了解到了梨树科技小院在进行着怎样的东北春玉米高产高效技术的研究和农业高产高效技术的推广，也让我认识到搞研究不一定非得在学校、在实验室，农民的田间地头依旧能出好文章。

有了前期的铺垫，在接下来的农户调研中我干得得心应手。深入农村、了解农业的发展现状，走进农民、了解他们对农业生产技术的需求，是开展科技小院工作的前提。在调研的同时，我接触到了地道的东北人民，喜欢上了他们的热情和淳朴。每到一处，当地的农户都会拿出自己的农产品热情地招待我们。去小城子镇调研是在早上，一个农户的家门口就是西瓜大棚，热情的农户邀请我们到他家瓜棚参观，并且挑了两个又大又圆的西瓜让我们在地头品尝。在大早上，还下着淅淅沥沥的小雨，实在不适合吃西瓜，然而农户的热情难却，我们在雨中品了一次西瓜。调研期间我们吃了东家的西瓜，品尝了西家的金黄大杏，还蹭到了东北特色菜，尝试了东北特色大酱。在东北的饭桌上少不了的就是酒，东北人喝了酒就是朋友，酒桌上是我们与农户敞开心扉的交流。同样难忘的还有万发镇农户家的大黄狗，被当作入侵者的我们着实被追赶了一阵子，然而主人对我们又是道歉又是表示欢迎。

在梨树科技小院，我们每天都奔波在田间地头，梨树基地的师生已经和当地的农民成了熟人。我初到梨树对当地的人和事充满了好奇，同样的，农民也好奇我这个陌生的面孔。每到一处总会有当地的农民问道“孩子，你是新来的吗？你是哪的？离我们这远吗？在这能适应不？”“孩子，你觉得我们这和你家乡比怎么样……”。张口就是“孩子、丫头”这样亲昵的称呼，让我感触到的不是对外来人的抵触，而是向父母一样的嘘寒问暖的关心。

在玉米地里打土钻、挖根都是体力活，也是精细活，忙不过来的我们往往会找当地的农民帮忙，这也是我们和农民接触、交流的大好机会。我们谈农村生活、谈当地农业的发展、讨论玉米种植，每当涉及玉米的专业知识的时候总是不可避免一场口水大战。长期参与到我们实验地工作当中的农民对于玉米知识的了解一点也不亚于我这个初到者，玉米根系能有多长、玉米生育期有多少片叶子、玉米各个部位的专业称呼……他们都能娓娓道来，他们说帮助我们忙试验他们学到了很多知识。有时他们也会争辩着谁懂得多的问题，不是炫耀，也不是攀比，只是他们对农业浓浓的热情，他们向我们一样关心着农业的发展，关注高产高效，当然也是对我们在基地工作的认可。

在科技小院，我们搞科研、推广农业高产高效技术的同时，还得经营我们的生活。

吃惯了馒头、面条的我慢慢适应了东北的大米；没有了木板床，就得习惯东北的水泥大炕。吃饭成了我们生活中最有趣的事，科技小院的学生来自于不同的地方，每个人做出的菜都带有他家乡风味，在梨树基地艰苦的条件下，出了不少“大厨”。虽然不会做各地的特色菜，但有免费品尝的口福。

我与梨树之小别

2013 年 6 月份，随着入学日期的到来，我不得不暂时离开这个生活了 3 个月的地方。虽然在梨树的时间不长，但是和那里的师兄师姐、实验站工作人员、当地农民已经建立了深厚的感情，这次小别给我的感觉是再一次离家远行。离开的那天晚上梨树下起了瓢泼大雨，在实验站的大门口是送我们的基地师兄师姐、实验站的大叔，上了年纪的大叔向送别自己的孩子出门一样，难舍地问道“什么时候回来?”看着老人湿润的眼眶，环顾每个角落都曾有我们身影的实验站大楼，我舍不得离开了。梨树科技小院是家乡之外另一个参与我们成长、有生活、有故事的地方，期待我与梨树再重逢。

科技小院战黏虫的故事

伍大利

2011年7月，我带着好奇、向往的心情来到了梨树三棵树科技小院，这里住着我们学校——中国农业大学的师兄师姐，还有吉林农业大学的师兄师姐，我来这里的第一件事就是做了一顿饭，之后，做饭、进实验地取样、做调研就成了生活中最主要的事儿。第一年是学习的过程，我学会了如何在田间做实验、取样，学会了如何与农民打交道，学会了如何在田间发现问题。最初，我始终觉得我们做的事儿，不知道真正为农民带去了多少，改变了什么，我想这种改变很微小吧！但是，这个故事就是从微小的事儿开始的。

2012年8月6日上午，与往常一样，我们依然下地做着实验，依然走在农民的田间地头，与往常不一样的是，今天道路两旁出现了黑色或者褐色的小虫子在到处爬，最开始我们并没有在意，因为在夏天，虫子是我们在玉米地里经常看到的。随着看到的虫子越来越多，我们就开始好奇起来，这到底是什么虫子呢，我问了问师姐，但是她告诉我，她以前也没见过这种虫子，而且这么多数量。我们拍下了相片，回到住的地方就开始上网查，比对图片，最后初步判断这是黏虫。由于黏虫生长发育不同时期的进食量会发生很大变化，特别是进入暴食期之后，会吃光玉米叶子，对玉米的产量造成灾害性影响，所以，我们科技小院的同学就商量决定到全县开展一下调研，看看其他地方是不是也有这种虫子。我们分组到各乡镇调查。我负责林海、小宽、泉眼岭等梨树县东南方向的乡镇，经梨树县农业技术推广总站王贵满站长联系后找到了林海镇靠山村推广站袁站长，我们一起查看了靠山村普通农户的玉米，发现了黏虫开始大量发生，有的一片叶子就有近10只虫子。

离开了靠山村，8月7日下午我去了林海老奋村，高产户王耀武带领我看了发生黏虫虫害的地块。这里还没有大面积暴发，主要发生在杂草严重的地方。他的玉米地由于打过内吸性农药(猎豹-阿维菌素)，而且杂草较少，所以暂时还没有发现黏虫。

随后我去了胜利乡南老奋村，在这里黏虫已经大面积暴发(发现时是两天前)，而且也是近两天的事，因为发生速度很快，很多农民都还没有发现，或者发现了还没有意识到这种虫害的严重性。当时我正在路边对农户进行玉米病虫害(主要是大斑病和黏虫)调查，一农户听说我是中国农业大学来的，做病虫害调查，他就主动带领我去了发生较为严重的地块去看虫害情况，同时吸引来了其他农户一起查看自己玉米地的虫害情况，之后他们都在我的建议下，决定马上去梨树买药进行防治(因为乡农药店的药已经卖完了，只能去梨树买药)。

之后我来到了胜利乡羊尾岭村，羊尾岭村1队、2队是这个村黏虫发生最早的两个队，从虫害发生到现在已过3～5天，在这几天时间里，有的玉米植株穗位以下叶片几乎被吃完，有的玉米植株(比较矮小且较嫩的)已经被吃得不剩一片叶了。在路上碰到打药的农民说，昨天我的地里还没有虫子，就我玉米地两边的地里有，今天再去打药的时候我地里的玉米叶子的下面3片叶子就已经被吃掉了。这里是目前为止黏虫发生最严重的地方，据当地农民介绍，有的地块就算打了药，也没有完全治住这次虫害，而且目前这种情况正逐步向3队蔓延。

最后，我来到了白山乡郑振学的高产地，他的玉米品种是良玉66，在他的地里我们发现他的玉米几乎没有大斑病，也没有黏虫发生，玉米长势较好，询问后得知，他打了两遍“康宽”防玉米螟，“康宽”是内吸型农药，对于黏虫也应该起到了一定的防治作用。而在另外一个农户地里，我们发现黏虫已经开始发生，虫子把草叶子吃得差不多了，已开始往玉米叶上爬。

◈ 胜利乡南老畲村——有的一片叶子近 20 只黏虫

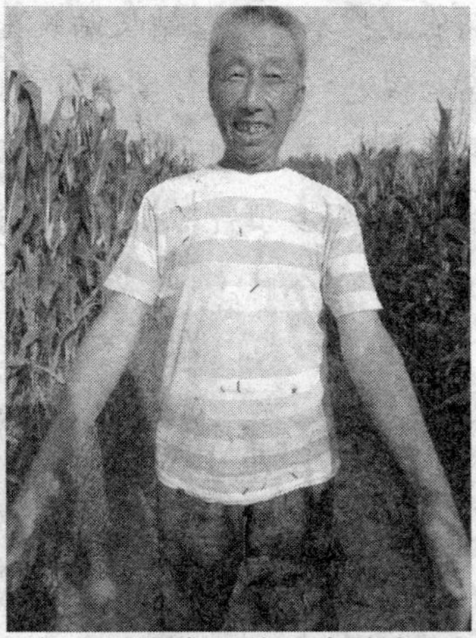

◈ 老汉进出一趟玉米地身上全是黏虫

◈ 胜利乡羊尾岭村 3 队——部分地块穗位以下叶片基本被吃完

除了以上介绍的几个地方，梨树县其他地方也发现了玉米黏虫，如小宽镇、四棵树乡等。黏虫防治必须及时，黏虫在某块地大面积发生后如果不采取措施，3～5 天就可以把玉米叶子吃去一半甚至吃光，造成玉米减产甚至绝收。8 月 7 日下午 7 点调查结束后，我把调查情况向王站长作了汇报，王站长立即联系有关植保部门及推广站采取相应措施，希望能在最短的时间内把这次“虫灾”消灭在初发期，把玉米的减产程度降到最低。

8 月 9 日，梨树县政府火速召集各乡镇主管领导及农业站长召开了

“梨树县二代黏虫防治工作会议”。副县长王志军、县农业局局长孙德智、梨树农业技术推广总站长站长王贵满、梨树县植保站站长潘巨文等领导出席会议，会议要求各乡镇要充分提高认识，要迅速行动起来，核实灾情，掌握受灾地块，发现一处处置一处，积极组织农民对二代黏虫进行专业化防治，组织好乡镇各村抓好二代黏虫防治工作，把危害降到最低限度。

◎ 梨树县二代黏虫防治工作会议

◎ 梨树县政府领导班子视察虫灾

接下来，就是各乡镇主管领导及农业站长组织各村农民进行“虫口夺粮”战役，这次战役的主力军是梨树县的广大农民，他们奋战在最前线。由于玉米很高，地里不通风，每天医院都有无数或轻或重的中毒者，但是这也挡不住农民“虫口夺粮”的决心。在防治过程中全县杀虫药出现了断货现象，县政府立刻拿出 50 万元从河北调来高效低毒杀虫药（氰戊马拉松）分配到各乡镇农业站，不准提高价格的情况下保证农民能买到药。另外，我们了解到，县里要求对于外出打工的农户、没有能力打药的农户，各乡镇及各村也一定想办法保证其玉米打上药，保证国家粮食安全。8 月 15 日石国祥市长来梨树县检查二代黏虫防治工作，充分肯定了梨树的经验和做法。他指出梨树县委、县政府对玉米二代黏虫发现早、行动块，防治措施得力，虽然灾情大，但未遭受较大损失。

我们科技小院学生，平时不太忙时也住在中国农业大学实验站，参与梨树农业技术推广站的一些工作。为感谢科技小院及梨树实验站的同学在今年梨树县的二代黏虫防治——“虫口夺粮”作战中做出的突出贡献。2012 年 9 月 3 日，梨树县农业局为中国农业大学梨树实验站师生授锦旗——“虫口夺粮，功不可没”。早上 10 点，梨树县农业局局长孙德智、党委书记张忠宏、党办主任齐力带着锦旗来到实验站。授旗仪式在中国农业大学梨树实验站4楼会议室举行。首先是农业技术推广总站站长王贵满向孙局长详细介绍了中国农业大学实验站师生不仅把课题研究放在梨树，放在农民的地里，同时以科技小院为特色与当地的农技推广和生产实践密切结合，真正用科技、用行动来服务三农，从而进一步推动了梨树的粮食生产和高产高效现代农业的发展。

接着，孙局长感谢了实验站的所有同学，特别是科技小院的同学不但要进行科研实验，还心系农村、心系农民、实时关注梨树的农业生产，在今年梨树县二代黏虫刚出现的时候，发现及时，报告及时，对于梨树县这次二代黏虫的防治贡献很大，黏虫的发现如果再晚3天，那么黏虫就会多长一龄，就意味着有更多的黏虫进入暴食期，将会有更多的玉米会被一夜吃光。今年梨树"虫口夺粮"战役取得胜利，梨树大丰收在望，农大研究生功不可没。

◇ 伍大利、陈延玲代表梨树实验站研究生接受锦旗

之后，农业局党委书记张忠宏发表了讲话，他说："农大研究生，你们展示了自己的风采，你们来到梨树不只是做科研实验，你们是真正心系梨树，不仅把科技带到了梨树，带给了梨树的农民，还时时关心梨树的农业生产，真正把梨树的事当成自己的事情来做，我们感谢你们所有的老师及研究生。以后如果需要我们农业局协调的事，我们一定会尽最大努力为

◎ 农业局、推广总站领导与梨树实验站研究生合影

你们协调，今后梨树就是你们的第二故乡。

最后，孙局长和张书记代表梨树县农业局为中国农业大学梨树实验站师生授旗，科技小院的博士研究生陈延玲、硕士研究生伍大利代表中国农业大学实验站研究生接受锦旗。

经过这次“战虫之役”，我确确实实感受到了我们为农民带去的效益，就这个微小的事儿，大大减小了这次黏虫灾害对农民带来的危害，有力促进了梨树县粮食增收。无论我们做多么微小的事儿，都很有可能在某一环节影响我们周边的农民，推进农业的发展。

我想，我们无论是以科技小院还是高产高效竞赛的形式，走进农村、走进农民、把科技带到农户家里，都是为了用科技带动当地的农业生产，促进当地的农业发展，构建高产高效的现代农业。这也是科技小院研究生的使命。

研究生与合作社社员共“舞”

伍大利

如今农村外出打工人数不断增加，更多在家的老人、妇女及小孩就成了农村农活的主力军，农业科技的推广难度就越来越大。在这种形势下为了保障国家的粮食安全，中共中央和国务院出台的政策文件不断鼓励农村成立合作社、家庭农场。从土地规模化这个角度来说，梨树已经走在了前面。在梨树县“三个方式”转变工作的推动下，全县的合作社如雨后春笋般不断涌现，作为科技小院成员并生活在梨树县农村的我们，也自然见证了这些合作社从小到大的过程，我们还直接参与到了合作社的发展当中。在这里，我来讲讲科技小院研究生与合作社社员共舞的故事。

科技小院研究生常驻于农村，工作、生活都与当地农民紧紧联系在一起。这个傍晚，我和三棵树科技小院另外一名研究生冯国忠来到了千程农民专业合作社，今天我们是“蹭饭”来了。千程农民专业合作社社长叫杨青云，平时我们相处得很好，经常去他家“蹭饭”，其实很多时候都是他很热情的邀请我们去的，久而久之我们就像很熟的哥们，我们都叫他杨哥，其实他的年龄比我父亲小不了太多，但这样叫，我们感觉更亲切。他家的大院，同时也是一个文化交流中心，每天都有很多农民上这儿来扭秧歌，男的、女的、老的、少的都会不约而同来这里。我们正在杨哥家吃饭，外面却放起了音乐，陆陆续续来了很多农民并在一起扭起了秧歌。原来，杨青云不仅组织大家把土地集约起来一起经营，还成立了前程文化娱乐中心，每每到了晚上，这里都会聚集数十人在这里扭秧歌。看到大家在一起开心地扭着秧歌，我和冯国忠的心情着实激动了一番，在农民朋友的鼓励之下，我和冯国忠也加入到了这个扭秧歌的队伍之中，虽然不会，但是跟着他们后面走步、模仿着学也是一种享受。刚开始有点紧张，挥扇、摆手、走步、交叉换位，很明显我们俩都不会，但是阿姨、叔叔脸上露出的笑容在鼓励我们，就算错了也没关系，我们在这种和谐、幸福的气氛当中感觉很快乐，不一会儿自己就被这种气氛融化，其实他们不在乎你跳的是否标准，最重要的是这种快乐的心情。夜深了，人们才陆续回家，一个个脸上充满了笑容与幸福。我想合作社的发展应该是农村发展很关键的一种方式吧。除了实现土地规模化以外，还能给农民带来幸福快乐的生活。

人们走后，我们便又和杨青云及双亮合作社社长郝双一起对于明年合作社的发展方向、工作方法、农机解决方案等进行了深入探讨。就这样，我们在杨哥家的东北大炕上一直谈论到凌晨一点。我想这将是个难忘的美好夜晚，无论将来是否成功，这个晚上都记录了我们服务农村、服务农业发展的坚实脚印。

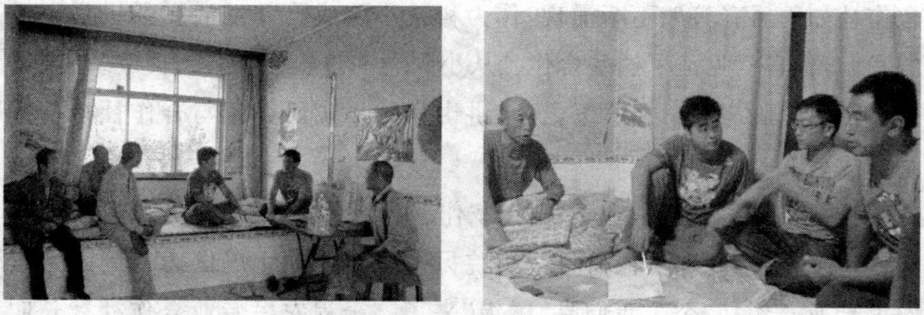

◎ 与社长及农机手秉烛夜谈探讨农机紧缺解决方案

科技小院的学生见证了合作社和农村的发展变化，在第一时间掌握和分享着农民的喜悦，同时发挥着自己的作用，把自己的研究与农民，与农业密切的联系在一起。“共舞”、“共同探讨”只是与农民交流的一种方式，我们的目的是为了真正促进农民的增产、增收，促进农业的发展。

外出务农的六旬老人

胡潇怡

农户调查是我来到建三江学习的第一件事。我第一次和稻田有了近距离的接触，也真正和农民有了亲密接触。因为刚来基地不久，没有与农户交流的经验，所以我的第一次农户调查是和经验丰富的王红叶师兄和芦俊俊师兄一组。在下农场之前，我对自己的语言表达能力还是有一定自信的，毕竟经过了三年学生工作经验的积累，与老师学生嘉宾都能有效沟通，所以我并不害怕和人打交道。真到了农户的地里，我还是傻了眼，我之前积累的那些话题和切入点，在农民工那儿根本用不上。于是，我老老实实地跟在两位师兄后面，听听他们是怎么和农民工们交流的。王红叶师兄非常有经验，他总是从农户家种的水稻现状开始聊起，自然聊到他们的田间管理，上次灌水是什么时候？上次追肥是什么时候？追肥用的是哪种肥？一共用过哪几种肥？肥料用了多少？上次打药是什么时候？打的哪种药？药的效果咋样？……没想到，对于我来讲很难的开场白，在王师兄那里能如此自然地开始和过渡。在攀谈中，他就能问出我们想调查的内容，不需要拿着之前做好的调查问卷一项一项对着纸问，而是把这些问题都按照逻辑结合生产实际有条不紊地问出来。这是一种能力，是非常值得我学习的。

在调查过的农户中，让我印象最深刻的是一对年过六旬的老夫妇。刚来到农户地里，我们就看到一位在配药的老大爷。看着药箱很沉，王师兄立马上前帮着大爷抬药箱。我们也快步跟上去，走近了听到大爷直叹气，看着也面带愁云，细问起来才知道，大爷在为稻子遭虫的事发愁。今天是大爷第三次打药了，第一次打药的时候，打药当天有效果，睡一觉起来又有虫，赶紧又打了第二次，结果还是一样。这次大爷特意加大了药量，可大爷还是担心效果。由于前两次的失败，大爷怀疑自己买的是假药。用大爷的话说就是“药一点儿没少用，钱一点儿没少花，可咋就是不见效果呢，真是愁死我了！”为了解答大爷的疑问，我们找来大爷配在药箱里的药，这药是连队统一发的，应该不是假药。我们又随大爷下田打药，并看了水稻的虫害情况。王师兄说水稻现在长得不好不是因为有虫害，而是因为褐斑病，这是水没控制好，现在只要适当晒田就好了。之前水稻确实是受了虫害，大爷打药的时间已经不是最佳的时候，打药时的位置也没找准，才导致虫灾没得到彻底根除。在向大爷讲解了在水稻哪个位置打药和控水控到什么程度后，大爷脸上的愁云散去了一些，也正在这时，大爷的老伴从屋里走了出来。大妈是个很热情的人，通过唠嗑我们知道了他们来自吉林的农村，有三个儿子，都已经有了妻小，家里还是有几亩地的，现在由二儿子种着，大儿子和小儿子都外出打工了，三个儿媳妇在家带孩子。抱着帮着家里攒点儿钱的想法，老两口趁着自己还能下地劳动，就来到建三江当雇工。这样既不用儿子们挣钱来养着二老，老两口还能攒点儿钱来贴补家用。大妈说的一句话深深地刺痛了我的心，她说前

◈ 王师兄教大爷识别褐变穗

◇ 与大妈攀谈

两次打药的时候，大爷在地里打完药，摘了药箱，腰都弯不下，肩膀上留下的都是鲜红的血印子。60 多岁的老人，为了除虫背着 10 多公斤的药箱往返走在 300 亩的田埂上，这个中艰辛想想便知。在我们调研结束准备离开时，大妈还依依不舍留我们吃饭，我们说还要趁着天亮多调查几户，大妈还热心地告诉了我们周围农户家的雇工基本情况。我们怀着感恩的心离开了。

那些与青春有关的日子

芦俊俊

俗话说得好——有缘千里来相会。我们这群建三江小伙伴们来自于我国的四面八方，可以说各路英雄好汉为了一个北京梦齐聚于我国农业最高学府——中国农业大学。作为中国农业大学的莘莘学子，心怀“解民生之多坚，育天下之英才”校训，为了国徽上的谷穗更加饱满，为了实现高产高效战略，我们要去一个遥远的建三江进行农业生产科学研究。

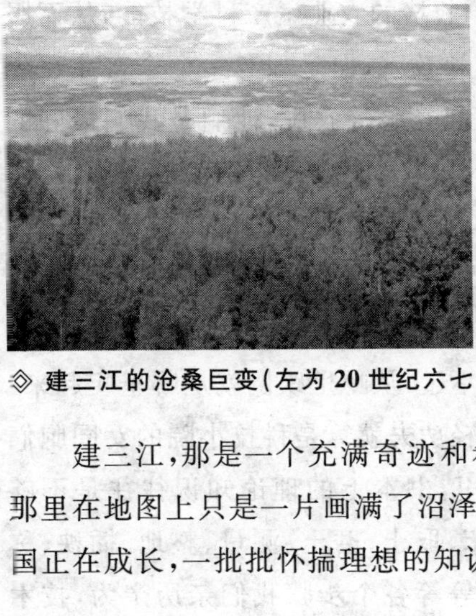

◈ 建三江的沧桑巨变（左为 20 世纪六七十年代，右为 21 世纪初）

建三江，那是一个充满奇迹和希望的地方。20 世纪 60 和 70 年代，那里在地图上只是一片画满了沼泽地而没有任何标识的地方。那时新中国正在成长，一批批怀揣理想的知识青年来到了这个地方，在这里演出了一幕幕足以“惊天地、泣鬼神”的或悲剧、或喜剧、或正剧、或闹剧。希望的力量是无穷的。经过半个世纪的洗礼与改变，昔日的北大荒早已成为了米粮仓。如今建三江已是三江环绕、七河贯通、地势平坦、土地肥沃的现代化农场；在这里，机械播种、飞机施肥、白云蓝天、茫茫稻海；在这里，昔日北大荒，今日北粮仓；在这里，科技种稻田，稻香飘远方。有歌谣称颂“佳木斯、建三江，东北的大米走四方。养了自己养他人，养了北方养江南。肥沃的土地肥沃的精神，无边的农田无边的境界，献了青春献终身，献了终身献子孙”。

对于我们这群在长江黄河水哺育大的孩子们要去这么遥远而又神奇的地方进行农业科学研究与示范，心里不由地有些兴奋、激动、害怕、迷茫。闯关东的经验可以说是我们当中许多人的头一次。一路向北，我们坐火车经过了沈阳和佳木斯，然后倒汽车来到我们梦开始的地方——建三江，进行着我们与青春有关的日子。

来到建三江，发现整个大地都在希望的田野上。这里的天是蔚蓝色的，农用飞机在天空飞过；这里的田是金黄色的，大型联合收割机在稻田里收割。一幢幢耸立着的整齐而又富足的大粮仓代表着中国粮食的脊梁。

来时，我们暗暗下决心要学会水稻栽培的农业生产科学技能，从而服务祖国农业研究。虽然这里没有课本和教室，但是却有一个个奋斗在生产第一线的科学工作者和具有丰富生产经验的农民，他们是我们最好的田间老师。就如初入江湖的无名小子，我们通过这些年的不断努力，终于一个个由“门外汉”成为了种水稻的“农业好手”，拥有着一身本领和技能。

在这里，我们背秧苗、推秧苗、撒肥料、背肥料，洗去学校里的稚嫩，换来了强健的体魄和硬朗健康的身体。在这里，面对茫茫水田，早已习惯于旱地种植的我们往往容易滑倒摔跤。不过，从哪里跌倒就从哪里爬起来。经过一次次下田种植、取样，水上漂的轻功夫就算是科技小院的女同胞们也都各个身经百战，技术娴熟。在这里，书本上的理论知识往往是不够的，实践是检验真理的唯一标准。坐床、取土、磨土、测量、整地、插秧、称肥、撒肥、遥感、取样、调查、喷药、收获等等各个步骤我们亲历亲为，技术熟练、知识丰富。我们这群小伙伴们相信未来的农业将由我们来改变。

在这些朴实辛劳的农业生产生活里，我们往往要度过那些血色浪漫的日子——7～9月份。蚊子和小咬，这些害人虫一两只可能我们毫不在意，但是成群结队地向我们扑来，即使我们身体再硬朗，也往往招架不住，最终导致伤痕累累，但是，我们却从来没有一个人服输或者倒下。到了10月份，看到那随风吹过的金色稻浪，我们知道我们那点苦、那点泪对于心中理想来说并不算什么。

◇ 农业生产中的我们

当然，生命中也不总会是血泪的日子，也有不少甜蜜的日子。这几年在建三江奋斗的岁月里，我们科技小院的两位博士师兄——赵光明和曹强都抱得美人归，举办了幸福美满的婚礼。我们科技小院的其他小伙伴们也都为两位师兄的幸福而感到无比的高兴和快乐，相信青春是美好的，未来更是美好的。

每一年冬天，当我们回到北京，总是能梦见建三江的种种。回忆刚来那冰雪皑皑的日子，那春暖花开的日子，那一起走过的日子，那一起奋斗的日子，那一起看天的日子，那心心相印的日子，那一起工作的日子，那青春流逝的日子。

珍惜我们彼此在一起的时间吧，让建三江成为我们永远的梦！

◇ 科技小院中的甜蜜婚礼

◇ 建三江的种种

痛并快乐着

吴海宾

作为一名新生，我是从 2014 年 3 月底和师兄师姐一起去建三江的。在北京时我们已经可以只穿两件衣服了，但是建三江还是冰天雪地、万里雪飘。4 月初建三江的农户就要忙起来了，一边要在大棚育秧，一边要将本田翻地打浆。此时也是我们科技小院成员大忙的时候，一边要作小区试验的安排规划，一边要在农户地里布置示范推广试验，还要在农户翻地之前撒完基肥。

今年的农户示范试验安排得比较多，本田调酸、中微量元素、钵育苗等试验一共布置了 8 家，所以基肥的施用工作任务非常大，那几天基本就是早上早早起来，匆匆忙忙吃完早饭就把肥料装上小货车去试验田，由于建三江农户的每个田块特别大，一个小区得 4 亩以上，我们在每家农户一般安排 6～9 个小区，这样每家农户安排的试验田就有 30 多亩，用肥量也大。科研所小区试验平均每天也只能布置一家农户。在开始大田试验后我才知道农业试验的做法，在建三江扛肥料时我才知道做农业研究的辛苦。

那些天时间基本就是在扛肥料中度过的，有时农户会让工人帮我们一起做，有时没有工人帮忙就只有我们自己搬。农忙时工人不好雇而且用工费特别贵，其中印象最深的是在 39 作业站一家叫王洪轮的农户家田里布置钙镁磷肥调酸、硅肥、锌肥的试验时，加上对照组一共有 9 个小区 50 多亩地，需要撒 1 吨多的肥料。

按照计划，我们当天早早吃完饭，胡珊珊师姐和余伟烽师兄留在科研所的小区试验地作小区面积测量以便打埂。剩下我们 3 个人去王洪轮家配撒肥料。那天天气一直阴天。我们和农户约好当天必须在他们翻地之前撒完这些肥料，而他们家只雇了 3 个工人，还要在试验区外田块撒肥，又需要一个人要开翻地机，搬肥料就没有人帮忙了。我们 3 个人跟着货车来到 39 作业站王洪轮家田边，把肥料卸下货车，按照试验计划把肥料分成了 9 份，再分别扛到各个小区的田埂上。在水田里做试验不像在旱地可以来去自由，身体不灵活是不行的，扛着肥料走在那么窄的田埂上，一不小心掉进水田里也是常有的事。

我们的目标很明确，当天要把这些肥料全部扛到田埂上，如果时间早就和工人把这些肥料撒进去。我们配完了肥料就开始扛肥料了，申建宁师兄个头比较大，他自告奋勇要一袋一袋地扛，我和王红叶师兄把一袋肥料放在他肩膀上看着他扛起一袋肥料就奔试验田田埂。我和王师兄体力差点，所以每次扛半袋。申师兄背完 2 袋就改为选择了和我一样每次半袋地扛背，一总袋 100 斤地背的确特别辛苦累人了。背扛完大概 1/3 左右就到中午了，胡珊珊打电话让我们回去吃饭，我们就匆匆回去吃饭了，吃完饭余伟烽就和我们一起过来了，而科研所小区就由胡珊珊师姐一个人盯着了。吃饱了饭又多了一个人做起来相对快了一点。不过下午天公不作美而下起了毛毛细雨，我们只能顶着雨工作了，有几个工人看着我们学生竟然和他们一样干活，其中一个说："你们大学生学什么不好非要学农业，从农村田里出来现在又回到农村田间地头，多不值得啊！"我们当时只是笑笑。王红叶师兄说过："既然选择了就要把它做好！"我觉得这句话非常适合回答这个问题。

在背扛完所有的肥料时我们已经累得精疲力竭，身上全部是泥和水。建三江此时的温度在 2～5℃，而我们并没有感觉冷。下午 5 点左右工人还没有下班，我们就和工人一起把肥料撒进试验小区。工人们还教我们如何把肥料撒得均匀。撒完所有肥料已经傍晚 6 点多了，我们身上的泥水也没有洗就坐上车回去了。

这一天又是充实的一天，有辛苦、有收获、有友谊……这样的节奏伴随着我在科技小院的每一天，是我们成长的见证，也会成为我们未来的难忘记忆。

我是怎么和农民打交道的

鄢少龙

在海南崖城，我认识的农户大概有三种。第一种是年纪比较大的小规模种植户；第二种是年纪比较轻的小规模种植户；第三种是正当壮年的大规模种植户，年纪比较小或者年纪比较大的大规模种植户比较少见。针对这三种种植户，我分别用三个故事来介绍与他们的沟通策略。

我跟张后望的故事

小张是福建来这边种芒果的年轻种植户，年龄是 24 岁，自己种了 3 000 多棵树，大概 60 多亩。第一次见他是在他的果地里，他们家后面那块地种了 20 多亩通红通红的贵妃芒，也称红金龙，一串一串的非常好看。我一看这果漂亮，就以为是一个种植好手，赶紧去他家果园拜访。好事多磨，那次他正好不在家，而且他们家狗还非常不待见我，我没有招惹它，它却追了我几个果园。第二次去的时候，为了避免第一次被狗追的狼狈，我就专门拿了一根棍子，没想到这次他在家，而他的狗不在家。见我拿着根棍子以为我是来偷芒果的，差点又把我赶出来。没想到我和他还比较聊得来。也许上天在冥冥中自有安排，他日后成为我很重要的一个种植户。因为他来海南的时间比较晚，所以基本上包不到什么好地，他家果地都比较偏僻，我也常跟着他到果园里面去观察芒果，可以说他带我走遍了南滨的连队。

第一次上山去9连就是跟他去的。也是在那一次，我才真切地认识到种芒果的辛苦。那天我们6点多就出发，早餐都没有吃，只是直接把车开到山上打药。他们负责配药然后拿着药枪打药，我负责在后面帮他们拉管。其实拉管很简单，也很轻松，就一个原则，让药管保持通畅即可。我从小没干过体力活，拉一个小时我就要歇会儿，他们可以连续干4个小时。中午吃饭就在山上吃，他们提前把食物放在个高压锅里，到了饭点拿出来，包子馒头蘸稀饭，冷着就吃下肚。中午就躺在临时搭建的木板上睡一觉，下午接着干。福建人吃苦耐劳的精神我十分敬佩。

跟年轻的小规模种植户打交道很简单，你帮他干活，他就觉得你是自己人，在帮他，他就会帮你，可以让你在他的地里做实验，甚至告诉你一些他觉得“绝密”的技术。

跟年纪比较大一点的种植户打交道就不同了——

我跟林大叔的故事

林大叔，48岁左右，他儿子都跟我差不多大。来海南种芒果近8年了。我第一次见到他，是在他的果园里。那时候他正好在卖果，数着钱，对我乐呵呵的，还拿芒果给我吃。我还以为这个大叔对我真不错。后来发现他对每个人都这样。我第二次去的时候他还是乐呵呵的，就是不肯告诉我一些关键技术。其实他们出来闯江湖很久了，待人处事都很娴熟了。我怎么跟他相处呢？首先，我先把在别处学的好技术一点一点地透给他，比如说我之前听说白糖水打到芒果花上可以很好地提高坐果率，我就把相关的道理告诉他，他听了也觉得很新奇，觉得可以一试。还有就是S-诱抗素加一点磷钾肥从叶面喷施可以抗寒害，这是比较新的方法。我也把相关的道理讲给他听，他懂了就会去试。白糖的事是一个经销商告诉我的，抗寒的方法是我看植物生理学看到的。道理其实很简单，两句就能说清楚，用量可以去问农资店，自己去试也可以。我一说，他就觉得我有点儿技术，至少能说一些他不懂的东西。现在我也在他那里布置了一个实验点。

技术在果地里面就是硬通货，遇到什么样的人都可以流通。但是有一些种植大户却不吃这一套——

我跟种植大户的故事

这一种种植户来海南比较久了，深耕这片土地很多年了，因此才做得大。他们的芒果技术已经做得很好了，很多地方我要向他们学习。他们的芒果种植知识也比较丰富。这种种植户怎么办呢？讲芒果生产我讲不过他，他不懂的比如露水斑，我也不懂，我懂的比如之前讲的抗寒方法以及提高坐果率的方法，他都懂。我的策略是不跟他讲芒果生产，讲营销。其实我是摸着这样的心理去的。一般种植面积比较大的户都想延伸产业链赚取更多的利润。从种植这个环节向前可以延伸到农资购销，现在申请新的农资店牌照非常难；向后可以延伸到农产品销售。农产品在种植环节产生价值而在流通环节实现价值。现在农业产业链上的利润基本上被强大的中间商赚去了。虽然他们是种植大户，但是面对强大的市场信息不对称，加上自身知识的局限性，市场、管理、营销方面的知识也很浅薄。这就像自己守着一个金矿而无力开发。所以他们渴望得到相关的知识。我平时看了一些相关的书，其实也只是懂一点皮毛，但是他们觉得你牛，是个人才，愿意带你玩儿。

其实跟农户打交道没有定数，遇到任何人，都要有敢上前搭讪的勇气，去了解他们心里的想法。遇到的人多了，自然知道他们心里面的想法，也就有对应之策了。

我想这就是行万里路不如阅人无数的道理吧。

用数据说话

余 赟

2013年5月，也是我们刚刚在广西金穗香蕉产区拿下400亩养分资源综合调控区不到1个月的时候，浪湾基地与方村基地陆续出现了香蕉植株黄叶现象并逐渐恶化，而400亩正是浪湾基地重灾区之一。正值香蕉临近花芽分化的关键时期，青叶的逐渐减少使得公司里人心惶惶，更是让我们寝食难安。

当这个消息传出时，各路人马闻风而至，一时间是人来人往人头攒动，对黄叶现象展开了广泛讨论和解释。主导意见是根结线虫危害，也有农药厂商请来的“专家”认为是根腐线虫的原因，另外，灌溉鸡粪水烧根、水分不足、营养失调等说法不一而足。在众多的参考意见中，我也是人云亦云摇摆不定，眼瞅着400亩黄叶日益严重。

这时，李晓林老师及时止住了我们浮躁的情绪，提醒我们要拿出一个研究生应该有的思考方式，科学地分析问题、解决问题而不是被问题牵着走。同时请来了左元梅老师主攻线虫问题的研究生钟丽娜师姐帮助我们进行线虫的鉴定和测定。我也抓紧和师姐朝夕相处的一个星期偷师学艺，掌握线虫最基本的测定方法，从而完成了第一次全公司范围的线虫基数普查工作，当然这是后话。

2013年6月2日，在李晓林老师的带领下，我们对这两个基地进行实地考察，对地上部叶片、地下根系、土壤状况进行症状描述记录、样品采集，向种植户和基地管理人员调查地块的种植历史，管理现状等。

实地考察结果初步表明，浪湾基地和方村基地出现香蕉植株黄叶现象的原因有所差异！浪湾基地，通过对南瓜（属于线虫易感作物）和田间杂草根系中根结情况的观察，发现根结数量与黄叶症状表现出一定的相关性——重灾区根结暴发情况严重，受害较轻的区域根结不明显。在方村基地，即使在黄叶最严重的地区南瓜根系也未见明显的根结。

由此，我不禁开始思考这两个基地黄叶现象的根本原因差异。接下来的线虫基数检测结果佐证了这个猜想——浪湾基地发病区的土壤线虫密度极高，且重灾区明显更为密集；与之相反的方村基地发病区土壤线虫密度甚至低于正常区域，这显然不是线虫的问题。

那方村基地为什么也会出现了黄叶现象？我们注意到了病区的根系状况，不同于浪湾基地病区根结丛生，这里的根量少、黑根多、根系腐烂严重。这让我们不得不怀疑土壤的健康状况。土壤 pH 测定结果仅为 3.9～4.1，也就不奇怪为什么连线虫都这么少了。

这个测定结果促成了第一期《工作简报》。我们将测定数据整理成图表后汇报给了公司各位高层领导，引起了很好的正面反馈，让我们有信心将《工作简报》继续下去。从中也看到，简单几个数字远比舌灿莲花更能取得大家的认同，浪湾基地黄叶现象由线虫所致而方村基地由酸害铝毒所致这个结论也逐渐取得大家的共识。

趁热打铁，接下来就是对症下药迅速采取行动了。6 月 15 日，配合浪湾基地组织全场进行线虫防治药物的灌根。经过半个月的时间，黄叶现象的恶化趋势得到控制，上部叶片明显变浓绿，下部叶片也有所好转，为 400 亩示范区的成功打下了良好的基础。

“菠萝的海”故事

张江周

在中国大陆最南端有个叫徐闻的地方，这里一年四季都是绿色盎然充满了生机与活力。在这里生长着一种岭南佳果——菠萝，仅徐闻县菠萝的种植面积约占全国种植面积的25%，素有“菠萝之乡”的美誉。离县城20公里处，有个叫甲村的地方，这里位于徐闻县前山镇和曲界镇的交汇处，菠萝是村里的主要种植作物。在甲村，有一个中国农业大学资源环境与粮食安全中心、中国热带农业科学院南亚热带作物研究所和天脊煤化工集团股份有限公共建的“科技小院”。我是徐闻科技小院的第二批驻院学生，在这里上演了我与科技小院、菠萝的故事。

初来“菠萝的海”

我是土生土长的河北省曲周县人，但我却偏偏选择了徐闻作为追梦开始的地方，因为我想尝试南方的生活、了解南方的风土人情，体验别样的南国风韵。

那是2011年7月3日的一天，我正式踏上了开往徐闻的火车T201。可能是上天在考验我的耐力，头一次去南方就没有买到有座位的车票。悲催的我只能依靠上车时带的小板凳开始这次艰难的旅程。

我从小就晕车，在上大学之前到过的最远地方就是县城。我家离县城仅有40多分钟的车程，但是晕车的我连40分钟也很难挨过去。这次要坐30多个小时去南方，中间的艰难可想而知。时间一分一秒地过，站累了就坐一会儿，不知道在多少次站与坐的交换中，终于在第三天晚上11点到达了徐闻火车站。由于晕车的毛病30多个小时滴水未进，滴饭未沾，我完全虚脱了。李晓林老师和严程明到火车站接我，一个虚脱的我完成了与李老师的第一次见面。半个多小时之后，李老师带我来到甲村村委会——徐闻科技小院当时的驻地。在村委会，我见到了早已等候在门外的黄明想书记、李宝深师兄和刘亚男师姐，黄书记、师兄和师姐都抢着给我拿东西，还嘘寒问暖。这是我远离家乡之后感到的第一份温暖，心里觉得舒畅了很多。简单聊了几句，我就去休息了。

终于可以躺下去了，心中美妙的感觉无以言表。躺在床上，我脑子在不停地转，想着一个又一个问题：老师把我派到这里做什么研究？什么是科技小院？什么都不懂的我下一步该怎么做？可能是太累了，想着想着就睡着了。

明天的生活将是怎么样的呢？

“菠萝的海”调研轶事

1

刚刚到徐闻不久的我对于菠萝的种植技术一窍不通，前期的工作主要通过走访农户和田间调研了解菠萝的生产现状与施肥情况。在调研的过程中，当地农民告诉我在甲村村委会管区的禄梅村有一位大哥种植菠萝经验很丰富。我决定去见一下这位大哥，向他学习菠萝种植技术。

第一次去禄梅村找到了这位大哥的家，但是大哥下地去了。我决定一直等这位大哥回来跟他交流后再回科技小院，没想到一直等到下午2点多都不见人回来。好心的村民告诉我说大哥从地里回来之后，直接去他老丈人家了。第一次没有见到大哥，但是为了学习技术，我们决定再来。

第二次来的时候意想不到的事情又发生了。这位大哥就在家门口的树荫底下乘凉。他见了我说的第一句话是“没想到你又来了。”其实昨天已经有人告诉他我来了，这次他是专门等我的。他就是想看看我的诚意到底有多强。通过交流了解到，以前他是一位小学老师，后来小学裁员时他下岗了。之后，他开始一门心思种菠萝和香蕉。很多菠萝种植方法都是他自己摸索的。大哥把自己所有的菠萝种植技术倾囊相授。尽管现在看起来他的种植方法存在很多不合理之处，但在当时我是如获至宝地记录了他的每一句话。这次我们整整跟他聊了3个多小时。

之后，这位大哥成了我们在禄梅开展工作的联络人员，每次我们去这个村培训他都负责通知村民、布置场地、提供板凳。有一次培训的时候李老师去了，他还专门给李老师摘了一个大菠萝蜜让李老师带回北京。

人家把菠萝种植技术告诉我们，我们也需要为他服务。有一次，这位大哥告诉我们，有一种药用在葱上效果很好，就是现在经销店断货了。他想让我们帮忙购买。我们直接从网上找到了生产厂家，知道了厂家在徐闻县城的销售点及其老版的电话号码，了解到过几天会发货到徐闻。当我们随后把这种药给他送过去时，他连声说谢谢并留我们在他家吃饭。

2

这个故事发生在我布置完田间试验返回科技小院的途中。

在徐闻当地的菠萝种植上有个习惯，即每次下雨过后只要放晴两到三天就可以种菠萝了。这时候种菠萝土壤湿度适宜于菠萝根系的生长。我要布置试验，必须在农民种植之前，把该做的试验标记都做好。因此，在雨停的第二天，我和严程明就到试验地里做标记。由于是刚刚下过雨，路上很湿，电动车走了一段路程就粘得走不动了。我不得不停下来把车胎上粘的泥弄下来。这里的土是黏性土，我使出全身解数来与泥土做斗争，能走一段抠一下，就这样我们一直走了1个多小时。回去的路上，电动车彻底罢工了。因为在我划小区时，下了一阵雨，本来就挺黏的泥巴被滋润得更黏了。程明推着电动车在前走，我在后面做他的清洁工，就这样还是走一走停一停。要是照这样的速度走下去我们非得走到凌晨去。

就在我们一筹莫展的时候，从远处过来一辆手扶拖拉机。我们商量着让他帮我们拉回去给他一些钱。没想到这辆车走到我们面前就停了下来，让我们把电动车放到了他的车上，还让我们搭他的顺便车。当我听到大哥这么一说，一股暖流从心间流过.我被热区人民那质朴深深感动了。坐在车上，我感到有点像现实版的《人在囧途》。尽管车晃得很厉害，但是听着轰鸣的马达声，看着一片片泥洼被我们晃过去的时候，我们异常地兴奋，几近欢呼！走出泥泞路段后大哥停下车，还帮我们卸下了电动车。当我们说谢谢时，大哥还有点不好意思。我想问大哥的姓名，大哥摆了摆手。在他看来，这只是区区小事不足挂齿，但对我来说意义重大。大哥的这一举动深深地感动了他们，我们不仅被他的乐于助人精神所感动，更为他做好事不留名的高尚精神境界所折服。

在“菠萝的海”成长

时光荏苒，岁月如梭，转眼间我已经在徐闻科技小院——“菠萝的海”生活工作两年多了。两年多的科技小院生活使我各方面的能力有了显著增强，可以用“四力”来总结我的成长。

抗晕车能力。在我没有来小院之前，晕车一直是困扰我的一个难题，无论坐什么样的机动车，只要时间一长必定晕车。我还清晰地记着我第一来徐闻那天晚上，李老师把我从徐闻火车站接到科技小院时，我晕车晕得都虚脱了。第二天师兄告诉我，他第一眼见到我时，我的神情呆滞、两眼泛白，好像要不省人事似的。两年多的科技小院经历让我不再晕车，从北京到徐闻30多个小时的车程也不会出现晕车的症状。

科研能力。不晕车了干什么工作都来劲，首先科研方面完成了所有试验样品的分析工作，目前已经发表文章3篇，还有1篇文章在审。同时根据我们做的试验结果编写了一本关于菠萝营养与施肥方面的书，现在初稿已经写完。此外，从2013年我开始负责广东省国家级土壤墒情示范点的监测工作，顺利完成了有关任务。

交流能力。在科研能力提高的同时，我负责徐闻科技小院的与夏威夷菠萝专家Bartholomew教授和Mark博士的交流。我定期给他们发邮件汇报我们的工作进展，咨询在菠萝生产中遇到的难题。Bartholomew教授也热心帮助我们解决了许多难题并附上了相关的参考文献或电子版的书籍。

Bartholomew教授还作为*Pineapple news*电子杂志的编辑邀请我们把中国菠萝产业的现状及徐闻科技小院的研究工作写出来发给他。在交流的过程中不仅锻炼了我的英语表达能力，也提高了科研素质。

组织运筹能力。不仅交流能力提高了，组织运筹能力也有很大的进步。在上大学期间我从来没有组织过一次活动，从驻扎科技小院以来，我与程明合作组织了多场活动并以后勤总指挥的身份主持了2013年12月份南宁全国科技小院联络会议的会务工作。

2014年6月份我就要毕业了，但是我已经深深地爱上了菠萝的海，爱上了南方这片热区。我决定继续在徐闻科技小院工作，争取使自己的能力再上一个台阶。

我在科技小院为企业服务的心路历程

张　涛

在来到南宁金穗公司之前，我在四川省农业科学院吕世华老师的指导下经历了近一年的农村科技服务工作，当亲身感受到农民的艰苦生活后，我觉得作为一名学农的大学生有责任和义务去帮助他们，尤其是通过专业知识给他们带去农业科技以增加他们的收入。因此，我报考了李晓林老师的研究生，希望加入到他的优秀团队中在曲周科技小院中学习和锻炼，为三农发展贡献自己的才智。没想到李老师把我派到了一个种植企业，而且这个企业名头为中国最大的香蕉种植企业、国家重点龙头企业、拥有5.8万亩土地的现代化农业企业。虽然口上没说，但我内心一直被一些问题困扰，这么大的企业，我们为什么要去帮助它呢？为什么不去帮助那些朴实却没有知识的农民？张福锁老师、江荣风老师和李老师是不是把方向选错了？抱着试一试的态度，我还是服从了老师的安排！

经历过的几件事情让我挣脱了当时的思想困扰。这些事都与公司董事长卢义贞有直接的关系。记得我们来公司参加的第一次生产会上，卢董就表扬周边种植大户种得好，以此来表达对自己香蕉管理的不满意。我很诧异，因为作为龙头企业，应该是别人学习的榜样，怎么如此否定自己的东西呢？卢董一句话我至今印象深刻，他说“每一措施我都要问3个人，3个人的意见不一致，我就问5个人。”当然，三人行必有我师焉，学习是一件好事，但如果事事都要这么做，从另外一个角度理解是对自己不信任。他总是虚心地到别人蕉园里学习，向其他人请教，这需要勇气，我时常在想，正是这种态度让金穗香蕉种植技术处在同行前面，因为它总是在不断学习中。按理说，以这种模式下去就能高枕无忧了，但现实情况却并不这么简单。每个人的经验获取途径和条件都不一样，很多时候他们是通过田间的一个现象就总结一个结论，这个结论具有偶然性，也就是在一个地方行换成另一个地方就不一定行，或者说在这一年行换成另一年就不一定行了。这就会出现今年学这个，明年学那个，总是在各种方法中徘徊，没有沉淀自己的核心技术，造成很多不必要的损失。在公司学习和工作了两年后，我彻底改变了自己以前的认识，那就是农业科技和农业高层次人才是限制现代农业发展的最大瓶颈。并不是种植户不相信农业科技，相反他们比谁都渴望，但他们往往获得的技术来源于有经验的人而不是学术研究的成果。一方面科学成果绝大多数理论性较强，要让没有文化的人去接受理论知识有一定的困难；另一方面，种植户将理论成果转化为生产力的成本或者代价很高，他们仅仅想利用现成的技术，而不是需要自己承担相应的研发工作，当可以从别人那里获得技术而产生经济效益时，他们就希望直接利用。目前生产上仍然以土专家为主，这些土专家仅靠自己积累的经验去指导生产。要想将农业科技转化为现实生产力，必须实现理论与实践的有效结合。2012 年 2 月，公司高层对我们科技小院三位学生的到来并不看好，不知道我们能否在生产一线坚持下来。两年过去了，公司董事长卢义贞和总裁林子海评价认为，科技小院学生将理论与实践想结合，对农业生产有很大的帮助，对企业科技种植进行了有效的推动。现在，卢董总是抽空带我们去走走，也很直白地表达了对我们的疼爱，我们知道他疼爱的不仅仅是几个听话的晚辈，更是对农业科技的重视。

我深切地感受到中国现代农业发展之路仍然有很长一段路要走，而作为一个学农的人，我们身上有很大的责任和义务，为实现我国农业现代化而做出应有的贡献。我今后一定会从事农业，要把学习的知识应用到生产中，哪怕是只带动一个农户或一亩地进行科技种植，也算是对得起国家对我们的培养和给予的希望！

到现在，我算是一定程度上理解了张福锁老师等在现代农业企业里建立科技小院的良苦用心。确实，农业企业或者大的种植户也是中国农业的重要组成部分，甚至会是今后中国农村发展的方向，同样需要我们与之一道努力，将农业科技成果转化为现实生产力，实现作物生产的高产高效。我也改变了以前对企业的局限性认识，希望以金穗为代表的龙头企业，集成和创新农业技术，起到示范带动作用，为三农发展做出重大贡献！

◎ 张福锁教授与金穗集团领导在一起

◎ 卢义贞董事长对我们进行指导

科技粽子大派送

赵振海

在广西田阳现代农业高产高效技术示范基地，我用一个月左右的时间基本融入了户主一家的生活并且获取了他们的认可，不过这段时间我跟村里其他群众接触的时间比较少，村民们对我的了解基本为零，对我在这边的工作也基本不了解。2013 年 6 月 10 日，我翻开日历一看，后天就是端午节了，我在想能否借着这个中国人的传统节日让更多的人了解科技小院、认识我，逐步打开工作局面呢？琢磨了很久，我做了个决定，准备在端午节这天给村民来一次科技粽子大派送。到了端午节这天下午 4 点，我开始到田阳县百育镇六联村憧舍屯篮球场布置现场，我右肩扛个大桌子，左手搬个凳子外加一些宣传单和技术资料往六联村憧舍屯篮球场疾走。引得几位路过的大叔大婶个个回头，用充满疑问的眼神看着我，我则边走边说："各位端午节快乐哈，等下我在篮球场给大家发粽子，还有一些芒果技术资料，都不要钱的哦。"

"小伙子，这会儿人大多都还在地里做工呢，你现在过去都没什么人啊，而且天还这么热。"一位热心的阿姨对我说。

"谢谢阿姨，我这没事，我就在这先摆着，等下路过的人就能知道这边有活动，就会过来瞧瞧了，再一个传一个的，人慢慢就会多起来的，阿姨您也帮我多宣传一下哈”。阿姨的提醒让我心头一热，临了还不忘让阿姨帮忙宣传。

“哎，好嘞。不过现在天确实够热，找个阴凉的地方摆哈。”

“好嘞，谢谢阿姨哈。”

说完之后我继续往篮球场走去，不过到了之后才发现，几个阴凉处的方位都不是很好，要是摆过去的话，要么挡了路，要么群众看不到，几经考虑后，我还是觉得摆在篮球场中间好点，虽然晒一点，不过来往的人都能看得到。摆完桌子、凳子和一些资料后，我又返回去将那些上午刚到县城买回来的粽子给提过来了，一切准备就绪。

10 分钟后，在周边玩耍的几位小朋友跑过来了，其中有一位是我上次打篮球时见到的，名叫黄鑫垚，刚 4 岁半，非常可爱。一过来就问“叔叔，叔叔，你在这干什么啊？”

“上次跟你说过了哦，要叫哥哥。哥哥在这玩呢，鑫垚要不要一起来玩哈？哥哥这有粽子哦，鑫垚要不要啊？”小家伙非常可爱，一直叔叔、叔叔的叫个不停，上次我就跟她说了，以后得叫哥哥（虽然我绝对算她叔叔辈了），看来她这次又忘了，适时提醒一下。她一听到我又让她叫哥哥，忽的一下又偷偷大笑起来。

“我不要粽子，我要跟哥哥一起玩。”笑完之后，她又淘气地说道。

“好啊，那你跟哥哥一起摆摊哈，然后再大声吆喝送粽子咯！好不好啊？”我开玩笑道。

好家伙，又一阵哈哈大笑。

之后又跟其他三位小朋友一阵说笑。了解后知道，偏大的那位叫黄思宇，12 岁，今年读 5 年级，下学期就要到镇上读 6 年级了；还有两位一个叫黄玉蓉，一个叫黄兰蓉，是一对双胞胎，刚 10 岁，读三年级。

之前在徐闻的时候，周边的一些小朋友会来帮师兄处理样品，师兄也亲切地称他们为“科技小兵”，我想我也有必要培养我自己的“科技小兵”，因此我也试着让她们几个跟着我一起摆摊，帮忙摇旗呐喊。而她们几个也都非常的乐意，一个帮我整理桌上已经散乱的资料，一个帮我喊着。当然最小的黄鑫垚就没那么听话了，又开始自顾自玩耍去了，时不时再过来溜达溜达。

◇"科技小兵"来助阵

◇淘气的黄鑫垚

夜幕渐渐降临，几位小朋友也都赶回家去吃饭了。不过篮球场这边的人流量也开始逐渐多起来了。这些大都是吃完晚饭，出来准备散步唠嗑的人，看到我这边大晚上的还摆个台，也是感觉非常好奇，纷纷往这边走来。

"科技粽子免费送？免费的？"

“科技粽子？粽子就粽子呗，还加俩科技干啥？跟我们这粽子有啥区别？吃着也没啥不一样啊”

……

大家七嘴八舌的一个接一个的向我提问，这叫一个应接不暇啊，突然有种想念那几个小朋友的心情。不过问题还是得回答，而且得一个一个来。

当知道我是中国农业大学和南亚所的一名学生，在这里做芒果的生产研究和技术服务并长期在村里驻点后，大家又投来赞许的眼神。

“技术员吗？我们家芒果老不开花，还有的开花了不结果，这是怎么回事啊？”

“长期在我们村住啊，那敢情好啊，到时候芒果修剪的时候你给我指导一下。”

“不错啊，小伙子，在我们村里面做芒果研究那是最好的啦，我们家有1 000 棵芒果树，你帮我看看有什么问题不，看一下需要怎么管理。”

好家伙，这一下子我又从研究生变成了技术员了，不过虽然我现在还不算技术员，只略懂一些理论，毫无实践经验，不过我倒是可以跟着他们一起先学习一些经验，争取以后真正成为一名懂技术的人。

之后他们又问了我一些他们在生产当中碰到的问题，我知道的解决方法当然都跟他们分享了，不过大多数都是我不懂的，那些问题我就一一记录下来，等有机会再咨询一些专家们，争取一一解决。

晚上 9 点多。人基本上都快回去了，我则开始收拾起桌子来，这时候才发现，技术资料和小院宣传单倒是发出去不少，不过买的粽子却还剩下不少(共买 100 个，还剩 20 多个)。这时候刚走不远的两位阿姨看到我这在收拾东西，东西还这么多，就返回来帮我一起收拾，还帮我一起拿回小院。

“你这一个人在这还挺不方便的，下次再要干嘛的话，你可以过来叫我们一起帮忙哈。”其中一位阿姨说。

“对啊，你看你这一个人搬这么多东西，很辛苦的，阿闹（户主彭叔的儿子）平常没事的时候你也可以让他帮帮忙，我们这边人都很好说话的，有事大家都会帮忙的。”另一位阿姨接着说道。

无尽的感激之情在此刻已经无法用语言表达了，只能一个劲地“嗯……嗯……”了。这一天要没有那几位小朋友和一些热心人的帮忙，我估计肯定没有这么好的效果。

这次活动既让大家认识了我，知道了科技小院，还跟部分人建立了友谊，为以后的工作奠定了一定基础。

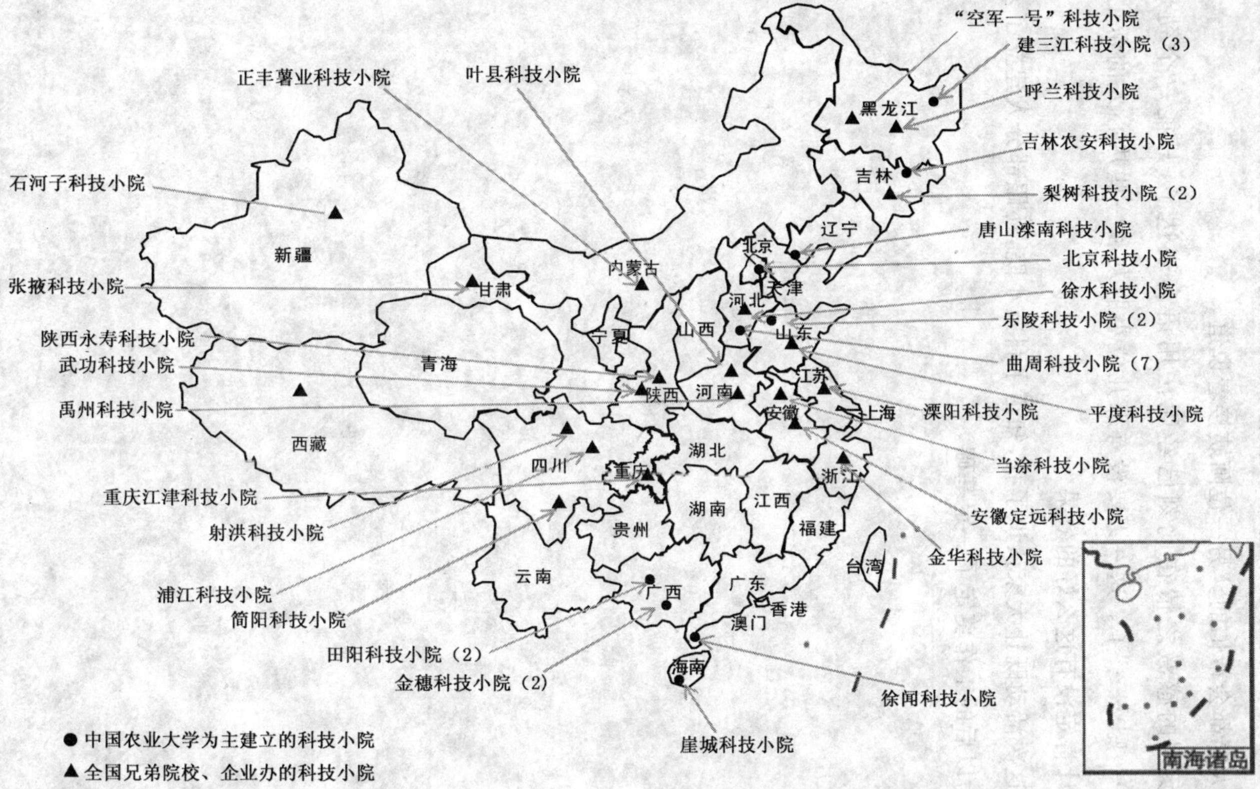

中国现代农业科技小院网络分布

附录:中国现代农业科技小院网络分布与人员构成

1. 河北省曲周县白寨科技小院

曹国鑫,2009年至今驻扎小院,辽宁省沈阳市人,本科毕业于东北农业大学,现为中国农业大学资源与环境学院植物营养学专业博士研究生。

雷友,2009—2011年驻扎小院,四川省内江市人,中国农业大学农业资源利用领域研究生毕业,现为美国哈泊国际公司北京办事处销售工程师。

赵鹏飞,2010年至今驻扎小院,内蒙古自治区鄂尔多斯市人,本科毕业于内蒙古农业大学,现为中国农业大学资源与环境学院植物营养学专业博士研究生。

汪菁梦,2010—2011年驻扎小院,安徽省人,2011年6月中国农业大学研究生毕业,现为荷兰瓦格宁根大学博士研究生。

张艳霞,2011—2013年驻扎小院,河北省衡水市人,本科毕业于安徽农业大学,2013年6月中国农业大学农业资源利用专业研究生毕业。

王文珂,2012—2013年驻扎小院,山东省济南市人,本科毕业于山东农业大学,2013年6月中国农业大学植物营养学专业研究生毕业,现为中化化肥复合肥事业部产品农化经理。

王令德,2012年至今驻扎小院,山东省新泰市人,本科毕业于山东农业大学，现为中国农业大学资源与环境学院硕士研究生。

魏素君，2012至今驻扎小院，河南省安阳市人，本科毕业于河南农业大学，现为中国农业大学资源与环境学院硕士研究生。

2. 河北省曲周县田水庄科技小院

杨玲，2011—2013年驻扎小院，湖北省天门市人，本科毕业于华中农业大学，2013年6月中国农业大学农业资源利用专业研究生毕业。

宓文海，2011—2013年驻扎小院，山东省青岛市人，本科毕业于内蒙古农业大学，2013年6月毕业于中国农业大学农业资源利用专业，现为浙江大学博士生。

王芳华，2011—2013年驻扎小院天津市蓟县人，本科毕业于华中农业大学，2013年6月中国农业大学农业资源利用专业硕士研究生毕业。

闫峻，2012年至今驻扎小院，北京市顺义区人，本科毕业于内蒙古农业大学，现为中国农业大学农业资源利用领域硕士研究生。

3. 河北省曲周县司寨科技小院

郭孟楚，2011—2013年驻扎小院，山东省东明县人，本科毕业于湖南农业大学，现为中国农业大学资源与环境学院植物营养学专业博士研究生。

王光州，2011—2013年驻扎小院，山东费县人，本科毕业于西北农林科技大学，现为中国农业大学资源与环境学院植物营养学专业博士研究生。

4. 河北省曲周县范李庄科技小院（"三八"科技小院）

高超男，2010—2012年驻扎小院，河南省登封市人，本科毕业于河南农业大学，2012年6月中国农业大学农业资源利用领域硕士研究生毕业；现为中国农业大学农推教指委秘书处助理。

贡婷婷，2010—2012 年驻扎小院，安徽省蚌埠市人，本科毕业于安徽农业大学，2012 年 6 月中国农业大学农业资源利用领域硕士研究生毕业。

刘瑞丽，2010—2013 年驻扎小院，河南省禹州市人，本科毕业于河南农业大学，2012 年 6 月中国农业大学农业资源利用领域硕士研究生毕业，现为中国农业大学资源与环境学院博士研究生。

周珊，2011—2013 年驻扎小院，河南省郑州市人，本科毕业于四川农业大学，2013 年 6 月中国农业大学农业资源利用领域硕士研究生毕业；现为湖北新洋丰肥业股份有限公司研发中心骨干。

张晓琳，2012—2013 年驻扎小院，河南省孟州市人，本科毕业于河南农业大学，2013 年 6 月中国农业大学农业资源利用专业硕士研究生毕业。

田净，2012 年至今驻扎小院，河南省鹤壁市人，本科毕业于河南科技大学，现为中国农业大学资源与环境学院硕士研究生。

李婷玉，2013 年至今驻扎小院，黑龙江省鹤岗市人，本科毕业于华中农业大学，现为中国农业大学资源与环境学院植物营养学专业博士研究生。

胡芙蓉，2013 年至今，河南省沁阳市人，本科毕业于河南农业大学，现为中国农业大学农业资源利用领域硕士研究生。

5. 河北省曲周县王庄科技小院

黄志坚，2010—2012 年驻扎小院，广东省佛山市人，本科毕业于华南农业大学，2012 年 6 月中国农业大学农业资源利用领域硕士研究生毕业，现任《农资导报》编辑。

贾冲，2011—2013 年驻扎小院，河北省邯郸县人，本科毕业于河北科技师范学院，2013 年 6 月中国农业大学农业资源利用领域硕士研究生毕业。

蔡永强，2012 年至今，湖南省益阳市人，本科毕业于湖南农业大学，现为中国农业大学农业资源利用领域硕士研究生。

程亮，2012 年至今驻扎小院，黑龙江省建三江农场人，本科毕业于东北农业大学，现为中国农业大学农业资源利用领域硕士研究生。

赵伟丽，2013 年至今驻扎小院，山东省滨州市人，本科毕业于青岛农业大学，现为中国农业大学农业资源利用领域硕士研究生。

王雯雯，2013 至今驻扎小院，山东省枣庄市人，本科毕业于青岛农业大学，现为中国农业大学农业资源利用领域硕士研究生。

6. 河北省曲周县张庄科技小院

冯霞，2012 年至今驻扎小院，山东省潍坊市人，本科毕业于中国农业大学，现为中国农业大学农业资源利用领域硕士研究生。

金树杰，2012 年至今驻扎小院，河南省周口市人，本科毕业于河南科技大学，现为中国农业大学农业资源利用领域硕士研究生。

彭学可，2013 年至今驻扎小院，河北省沙河市人，本科毕业于河北科技师范学院，现为中国农业大学农业资源利用领域硕士研究生。

7. 河北省曲周县张庄科技小院

刘世昌，2010—2012 年驻扎小院，山东省日照市人，本科毕业于山东农业大学，2012 年 6 月中国农业大学农业资源利用领域硕士研究生毕业，现为湖北新洋丰肥业股份有限公司研发中心骨干。

方杰，2010—2012 年驻扎小院，湖北省红安县人，本科毕业于华中农业大学，2012 年 6 月中国农业大学农业资源利用领域硕士研究生毕业，现为湖北新洋丰肥业股份有限公司研发中心骨干。

赵娜，2011—2013 年驻扎小院，山东省昌乐县人，本科毕业于内蒙古农业大学，2013 年 6 月中国农业大学农业资源利用领域硕士研究生毕业。

陈延军，2011—2013 年驻扎小院，河北省邱县人，本科毕业于河北科技师范学院，2013 年 6 月中国农业大学农业资源利用领域硕士研究生毕业。

李雪丽，2011—2013 年驻扎小院，河南省西华县人，本科毕业于河南科技大学，2013 年 6 月中国农业大学农业资源利用领域硕士研究生毕业。

代文龙，2012 年至今驻扎小院，山东省安丘县人，本科毕业于青岛农业大学，现为中国农业大学农业资源利用领域硕士研究生。

8. 河北省曲周县后老营科技小院

黄成东，2010 年至今驻扎小院，陕西省清涧县人，本科毕业于中国农业大学，现为中国农业大学资源与环境学院植物营养专业博士研究生。

刘全清，2010 年至今驻扎小院，陕西省丹凤县人，1982 年毕业于西北农学院土壤农化专业，现为河北省农林科学院农业资源环境研究所副研究员。

李宝深，2010—2011 年驻扎小院，辽宁省鞍山市人，本科毕业于西北农林科技大学，现为中国农业大学资源与环境学院植物营养专业博士研究生。

王爱礼，2011 年驻扎小院，江苏省连云港人，硕士毕业于扬州大学，现已工作。

李海朋，2013 年至今驻扎小院，山东省济宁市人，本科毕业于青岛农业大学，现为中国农业大学资源与环境学院植物营养专业硕士研究生。

9. 吉林省梨树县西河科技小院

陈延玲，2010 年至今驻扎小院，山东省日照市人，本科毕业于青岛农业大学，现在为中国农业大学资源与环境学院植物营养专业博士研究生。

苏效坡，2012 年至今驻扎小院，安徽省巢湖市人，本科毕业于安徽科技学院，现为中国农业大学农业资源利用领域硕士研究生。

芮法富，2010—2011 年驻扎小院，山东省商河人，2011 年 6 月中国农业大学农植物营养研究生毕业，现为科赛基农有限公司销售部中心骨干。

冯颖，2013 年驻扎小院，甘肃人，本科毕业于中国农业大学，现为中国农业大学资源与环境学院植物营养学硕士研究生。

夏婷婷，2013 年至今驻扎小院，河南省商丘市人，本科毕业于河南农业大学，现为中国农业大学农业资源利用领域硕士研究生。

丁广歌，2014 年至今驻扎小院，河南省平顶山人，本科毕业于河南科技大学，现为中国农业大学农业资源利用领域硕士研究生。

赵英杰，2014 年至今驻扎小院，河北省宣化人，本科毕业于安徽农业大学，现为中国农业大学资源与环境学院植物营养专业硕士研究生。

10. 吉林省梨树县三棵树科技小院

伍大利，2011 年至今驻扎小院，四川省雷波县人，本科毕业于安徽科技学院，现为中国农业大学资源与环境学院植物营养专业博士研究生。

杨小丽，2011—2013 年驻扎小院，四川省金堂县人，本科毕业于四川农业大学，现为中国农业大学资环学院植物营养博士研究生。

贺小龙，2012 年至今驻扎小院，河北省魏县人，本科毕业于吉林农业大学，现为中国农业大学资环学院植物营养专业硕士研究生。

张永杰，2010—2011 年驻扎小院，山西省太原市人，2011 年 6 月中国农业大学植物营养硕士研究生毕业，现为新洋丰肥业股份有限公司研发部中心骨干。

郝静，2010—2011 年驻扎小院，山东省新泰市人，2011 年 6 月中国农业大学环境科学硕士研究生毕业，现为金色种业有限公司研发部中心骨干。

张世昌，2010—2011 年驻扎小院，福建省泉州市人，本科毕业于福建农林科技大学，2011 年 6 月中国农业大学农业资源利用领域研究生毕业,现为农业部测土配方施肥联席会议办公室助理。

陈晓超,2010—2011年驻扎小院,安徽省巢湖市人,2012年6月中国农业大学植物营养硕士研究生毕业,现为德国霍恩海姆遗传学与农作物研究所在读博士研究生。

李前,2010—2011年驻扎小院,吉林省前郭县人,2012年6月中国农业大学农业资源利用领域硕士研究生毕业,现为吉林省农业科学院植物营养课题科研助理。

张洁,2010—2011年驻扎小院,山东省平度市人,2012年6月中国农业大学植物营养硕士研究生毕业,现为北极科发伟业农药技术中心研发部中心骨干。

高华鑫,2013年驻扎小院,山东省烟台市人,本科毕业于华中农业大学,现为中国农业大学资源与环境学院植物营养专业硕士研究生。

王欢,2014年至今驻扎小院,内蒙古五原县人,本科毕业于青岛农业大学,现为中国农业大学资源与环境学院植物营养专业硕士研究生。

11.黑龙江省建三江科技小院

王红叶,2010年至今驻扎小院,河南省平顶山市人,硕士毕业于新疆塔里木大学作物栽培与耕作学,现为中国农业大学资源与环境学院植物营养专业博士研究生。

曹强,2011—2012年驻扎小院,甘肃省天水市人,本科毕业于河北农业大学环境科学专业,硕士毕业于华南农业大学土壤学专业,现为中国农业大学资环学院植物营养专业博士研究生。

姚银坤,2010—2012年驻扎小院,新疆维吾尔自治区乌鲁木齐人,本科毕业于新疆农业大学资源与环境学院环境科学专业,硕士毕业于新疆农业大学学草业与环境工程学院土壤学硕士,博士毕业于中国农业大学资源与环境学院植物营养专业,现为中国农业大学资源与环境学院博士后。

赵光明，2010年至今驻扎小院，黑龙江省宜春市人，本科毕业于东北农业大学农业资源与环境专业，硕士毕业于中国农业大学资环学院植物营养专业，现为中国农业大学资源与环境学院植物营养专业博士生。

黄珊瑜，2010—2012年驻扎小院，福建省南安市人，本科毕业于华中农业大学，2011年6月中国农业大学植物营养专业硕士毕业；现为德国科隆大学地理信息与科学系博士研究生。

辛琳琳，2011—2012年驻扎小院，黑龙江省牡丹江市人，本科毕业于东北农业大学农业资源与环境专业，现为中国农业大学资环学院植物营养专业博士研究生。

程录平，2011年至今驻扎小院，河北省保定市人，本科河北农业大学农业资源与环境专业，现为中国农业大学农业资源利用领域硕士研究生。

成姗姗，2011—2013年驻扎小院，山西省泽州县人，本科山西农业大学农业资源与环境专业，现为中国农业大学资环学院植物营养学专业硕士研究生。

黄睿，2011—2013年驻扎小院，黑龙江省牡丹江市人，本科毕业于东北农业大学农业资源与环境专业，现为中国农业大学农业资源利用领域硕士研究生。

赵全英，2008年至今驻扎小院，吉林省吉林市人，硕士毕业于中国农业大学资源与环境学院环境工程系环境工程方向专业，现为德国科隆大学地理系专业博士研究生。

宿敏敏，2010—2011年驻扎小院，黑龙江省鸡西市人，硕士毕业于中国农业大学资源与环境学院农业资源利用专业，现为中国农业大学资源与环境学院植物营养专业博士研究生。

焦丹枫，2010—2011年驻扎小院，黑龙江省哈尔滨市人，本科毕业于东北农业大学农业资源与环境专业，硕士毕业于中国农业大学资源与环境学院植物营养专业。

邹海平，2010—2011年驻扎小院，江西人，本科毕业于中国农业大学应用气象专业,硕士毕业于中国农业大学资源与环境专业气象专业。

马晓波,2011—2012 年驻扎小院,内蒙古自治区人,本科毕业于内蒙古农业大学生态环境学院农业资源与环境专业,硕士毕业于中国农业大学资源与环境学院农业资源利用专业。

谭传祥,2011—2012 年驻扎小院,山东省潍坊市人,本科毕业于山东农业大学生态专业,硕士毕业于中国农业大学资源与环境学院农业资源利用专业。

胡珊珊,2012—2013 年驻扎小院,河北省邢台人,本科毕业于河北科技师范学院农业资源与环境专业,现为中国农业大学资源与环境学院农业资源利用专业硕士研究生。

余伟烽,2011—2013 年驻扎小院,广东省兴宁人,本科毕业于中国农业大学生态学专业,现为中国农业大学资源与环境学院植物营养学硕士研究生。

申建宁,2012 年至今驻扎小院,陕西省榆林市人,本科毕业于内蒙古农业大学资源与环境专业,现为中国农业大学资源与环境学院农业资源利用专业硕士研究生。

吴海兵,2013 年至今驻扎小院,安徽省安阳市人,本科毕业于安徽科技学院农业资源与环境专业,现为中国农业大学资源与环境学院农业资源利用领域硕士研究生。

胡潇怡,2013 年至今驻扎小院,河北省邢台人,本科毕业于华中农业大学资源与环境学院,现为中国农业大学资源与环境学院农业资源利用领域硕士研究生。

管延杰,2013 年至今驻扎小院,山东省潍坊市人,本科毕业于山东农业大学资源与环境专业,现为中国农业大学资源与环境学院农业资源利用领域硕士研究生。

芦俊,2013 年至今驻扎小院,河南省洛阳市人,本科毕业于沈阳农业大学,硕士毕业于西北农林科技大学农业资源与环境专业,现为中国农业大学资源与环境专业博士研究生。

12.广东省徐闻县甲村科技小院

严程明，2012 年至今驻扎小院，江西省峡江县人，本科毕业于江西农业大学，现为中国农业大学资环学院植物营养学专业硕士研究生。

张江周，2012 年至今驻扎小院，河北省曲周县人，本科毕业河北北方学院，现为中国农业大学资环学院植物营养学专业硕士研究生。

杜晓远，2012 年至今驻扎小院，河南省滑县人，本科毕业于河南农业大学，现为中国农业大学农业资源利用领域硕士研究生。

刘亚男，2011—2012 年驻扎小院，河北省衡水人，本科毕业于西南大学，2012 年 6 月中国农业大学农业资源利用领域硕士研究生毕业，现为中国热带农业科学院南亚热带作物研究所植物营养研究室工作人员。

江良洪，2011—2012 年驻扎小院，河北省邢台人，本科毕业于山东滨州学院，2012 年 6 月中国农业大学农业资源利用领域硕士研究生毕业，现为中国农业大学资环学院生态系科研助理。

13.广西壮族自治区隆安县金穗科技小院

李宝深，2011 年至今驻扎小院，辽宁省鞍山市人，本科毕业于西北农林科技大学，现为中国农业大学资源与环境学院植物营养专业博士研究生，任广西香蕉育种与栽培工程技术研究中心常务副主任一职。

张涛，2011 年至今驻扎小院，四省省巴中县人，本科毕业于四川农业大学，现为中国农业大学资环学院植物营养专业硕士研究生，任广西香蕉育种与栽培工程技术研究中心办公室主管一职。

余赟，2012 年至今驻扎小院，重庆市万州人，本科毕业于中国农业大学，现为中国农业大学资环学院植物营养专业硕士研究生，任广西香蕉育种与栽培工程技术研究中心实验室主管一职。

迟志广，2014 年至今驻扎小院，山东省烟台市人，本科毕业于山东农业大学,现为中国农业大学农业资源利用领域硕士研究生。

方昭,2014 年至今驻扎小院,安徽省桐城人,本科毕业于安徽农业大学,现为中国农业大学农业资源利用领域硕士研究生。

14. 海南省三亚市崖城科技小院

鄢少龙,2012 年至今驻扎小院,广东省江门市人,本科毕业于华南农业大学,现为中国农业大学农业资源利用领域硕士研究生。

15. 广西壮族自治区百色市田阳六联科技小院

赵振海,2013 年至今驻扎小院,江西省抚州人,本科毕业于江西农业大学,现为中国农业大学农业资源利用领域硕士研究生。

郑良永,2013 年至今驻扎小院,四川省阆中市人,硕士毕业于华南热带农业大学,现为中国农业大学植物营养学在职博士研究生,任中国热带农业科学院南亚热带作物研究所工作人员。

16. 广西壮族自治区百色市兴城科技小院

张东,2014 年至今驻扎小院,山东省滨州市人,本科毕业于山东农业大学,现为中国农业大学农业资源利用领域硕士研究生。

赵丹,2014 年至今驻扎小院,四川省成都市人,本科毕业于四川农业大学,现为中国农业大学农业资源利用领域硕士研究生。

17. 北京科技小院

李超,2012 年至今驻扎小院,山东省淄博市人,本科毕业于中国农业大学设施农业科学与工程专业,现为中国农业大学资源与环境学院植物营养学硕士研究生。

18. 山东省乐陵科技小院

陈广锋,2014 年至今驻扎小院,山东省泰安市人,本科毕业于山东农业大学，现为中国农业大学资环学院植物营养专业博士研究生。

张伶波，2014 年至今驻扎小院，内蒙古赤峰人，本科毕业于内蒙古农业大学，现为中国农业大学资环学院植物营养专业硕士研究生。

19. 山东省平度科技小院

田大伟，2012 年至今驻扎小院，山东省威海市人，本科和硕士毕业于南京农业大学植植物病理学研究生，现为中化化肥山东分公司员工。

彭雪松，2012 年至今驻扎小院，河南省信阳县人，本科和硕士毕业于河南农业大学，农业资源与环境本科专业和植物营养学硕士。

20. 重庆市江津科技小院

赵亚南，2012 年至今驻扎小院，河南省商丘市人，本科毕业于河南农业大学，现为西南大学资源环境学院植物营养学专业硕士研究生。

21. 四川省射洪科技小院

曾凡文，2012 年至今驻扎小院，四川省广汉市人，硕士毕业于四川农业大学植物营养专业，现为四川美丰化工股份有限公司职工。

徐刚，2012 年至今驻扎小院，四川省内江市人，本科毕业于四川农业大学，现为四川美丰化工股份有限公司职工。

赵跃渊，2012 年至今驻扎小院，四川省遂宁市人，本科毕业于四川农业大学，现为四川美丰化工股份有限公司职工。

22. 河南省康城科技小院

刘海坤，2012 年至今驻扎小院，河南省宝丰县人，本科毕业于河南农业大学，现为河南农业大学资源环境学院植物营养专业硕士研究生。

李芳，2012 年至今驻扎小院，河南省漯河市人，本科毕业于新疆农业大学，现为河南农业大学资源与环境学院植物营养专业硕士研究生。

刘小宁,2012 年至今驻扎小院,河南省安阳县人,本科毕业于河南农业大学,现为河南农业大学资源与环境学院植物营养专业硕士研究生。

徐蕊,2013 年驻扎小院,河南省平顶山市人,现为河南农业大学资源与环境学院农业资源与环境专业本科生。

张小涛,2013 年河南省许昌县人,现为河南农业大学资源与环境学院农业资源与环境专业本科生。

23. 河北省徐水科技小院

佟丙辛,2013 年驻扎小院,河北省保定市人,本科毕业于河北农业大学,现为河北农业大学资源与环境学院农业资源利用领域硕士研究生。

陈冬冬,2013 年驻扎小院,河北省沧州市人,现为河北农业大学资源与环境学院农业资源与环境专业本科生。

24. 四川省简阳科技小院

袁勇,2010 年至今驻扎小院,四川省简阳市人,本科毕业于中南林业大学,现为四川省简阳市东溪镇农业服务中心主任,高级农艺师。

袁江,2010 年至今驻扎小院,四川省彭州市人,四川省农业科学院土壤肥料研究所实习研究员。

董瑜皎,2011 年至今驻扎小院,四川省西昌市人,本科毕业于四川农业大学,硕士毕业于中国农业大学资源与环境学院,现为四川省农业科学院土壤肥料研究所实习研究员。

曾凡文,2010—2012 年驻扎小院,四川省广汉市人,四川农业大学植物营养专业硕士毕业,现为四川美丰化工股份有限公司职工。

张涛,2010—2011 年驻扎小院,四川省巴中市人,本科毕业于四川农业大学农业资源与环境专业,现为中国农业大学资源与环境学院植物营养专业硕士研究生。

羊爱玲,2010—2011 年驻扎小院,四川省三台县人,本科毕业于四川农业大学农业资源与环境专业，现为中国农业大学资源与环境学院植物营养专业硕士研究生。

易云亮，2010—2011 年驻扎小院，四川省眉山市人，本科毕业于四川农业大学农业资源与环境专业，现为中国农业大学资源与环境学院土壤学专业硕士研究生。

张宇雨，2010—2011 年驻扎小院，四川省德阳市人，本科毕业于四川农业大学农业资源与环境专业，现为中国农业大学资源与环境学院土壤学专业硕士研究生。

何滨洪，2013 年驻扎小院，四川省达州市人，现为四川农业大学本科生。

李磊，2013 年驻扎小院，四川省双流县人，现为四川农业大学本科生。

易思思，2013 年至今驻扎小院，四川省金堂县人，现为四川农业大学本科生。

25. 吉林省农安科技小院

冯国忠，2011 年至今驻扎小院，山西省大同市人，本科毕业于河北农业大学农业资源与环境专业，硕士毕业于吉林农业大学资环学院植物营养专业，现为吉林农业大学资环学院植物营养学专业博士研究生。

邓超，2011 年至今驻扎小院，河北省沧州人，本科毕业于吉林农业大学资源环境科学专业，现为吉林农业大学资环学院植物营养学专业硕士生。

李辉，2011 年至今驻扎小院，吉林省吉林市人，本科毕业于吉林农业大学资源环境科学专业，现为吉林农业大学资环学院植物营养学专业硕士研究生。

李雨繁，2011 年至今驻扎小院，吉林省公主岭人，本科毕业于吉林农业大学资源环境科学专业，现为吉林农业大学资环学院植物营养学专业硕士研究生。

邹春野,2013年至今驻扎小院,吉林省辽源市人,本科毕业于吉林农业大学资源环境科学专业,现为吉林农业大学资环学院植物营养学专业硕士研究生。

韩蔚娟,2013年至今驻扎小院,山东省梁山人,本科毕业于长春科技学院,现为吉林农业大学资环学院环境工程专业硕士研究生。

陈海潇,2013年至今驻扎小院,山东省郓城人,本科毕业于长春科技学院,现为吉林农业大学资环学院环境工程专业硕士研究生。

鄢继伟,2013年至今驻扎小院,吉林省长春市人,本科毕业于吉林农业大学,现为吉林农业大学资环学院植物营养专业硕士研究生。

袁勇,2011—2012年驻扎小院,贵州省遵义人,本科毕业于吉林农业大学资源环境科学专业,硕士毕业于吉林农业大学资环学院植物营养学专业,现工作于贵州省毕节市土肥站。

后 记

随着曲周基地科技小院的建立及其在推动高产高效技术集成、示范推广和社会服务中作用的逐步显现，中国农业大学“双高”团队加快了在全国建设科技小院的步伐。2010年，依托在吉林省梨树县的高产高效技术示范基地、黑龙江建三江农垦总局建立科技小院，形成了从小农户到中等农户再到大农户的不同生产经营水平以及不同作物体系的农业“双高”技术集成与示范推广模式，探索保障国家粮食安全的可持续农业发展道路。

以上工作的开展，逐渐得到了国内专家同行的肯定，为了验证科技小院模式在南方热区经济作物上的适用性，2011年，在张福锁老师的带领下，“双高”团队师生来到广东徐闻、广西金穗、广西田阳等地，先后与山西天脊集团公司、南亚热带作物研究所、广西金穗集团等企业和科研单位合作，逐步建立了新的热区科技小院网络。

自2009年，我们一群青年学子在张福锁老师的带领下，分别长期驻扎在河北曲周、吉林梨树、黑龙江建三江和广东徐闻等科技小院，以“零时间，零距离，零门槛，零费用”服务三农的方式，开展“双高”技术理论创新与技术试验示范，破解农业科技应用“最后一公里”。

不到农村，就难以感受到“三农”的重量，难以体会到农民对科技的渴望程度之高，更难以理解农民的需求和对农业的依赖。

而科技小院是让我们这些象牙塔里的学子可以亲身感触和体验“三农”的舞台，在这个广阔的舞台上，我们可以尽情地展示自己，我们可以像农技推广站长，村长一样工作；可以像农技员一样指导农民；可以像牛一样下地干活；可以像明星一样接受采访；可以像老师一样陪小学生过六一；可以像大厨一样做饕餮盛宴……

在科技小院，“80后”“90后”的我们不仅得到了极大的锻炼，更能感受到农民对科技的渴望，感受到村民们的热情，感受到作为农业大学的学生肩上责任之大……

在科技小院，有张福锁、江荣风等各位老师在学习上、科研上给予我们的无微不至的关怀和关注；更有李晓林、张宏彦、米国华、苗宇新等老师和我们一起驻扎在科技小院，指导我们的科学研究，解答农民的疑问；更让我们感动的是，不管科技小院建在哪里，当地的政府和部门领导及工作人员都给予我们大力的支持，村民们更是把我们当做自己的孩子，予以关怀和帮助。

国家领导、学校领导和研究生院等相关部门对我们在科技小院开展的工作和取得的成绩给予了极大的肯定。2013年10月，在广西调研的中共中央政治局常委、全国政协主席俞正声莅临金穗科技小院，充分肯定了中国农业大学在读博士们来到基层产学结合、服务三农“走对了路子”；在此前的2010年7月，农业部部长韩长赋考察吉林玉米生产时专门与梨树科技小院的师生进行了交流，鼓励大家将论文写在大地上。

在科技小院，我们收获了太多太多，我们每天以日志的形式将我们在生产一线充满激情和热情的岁月记录了下来，在张福锁、江荣风、李晓林等老师的策划和指导下，将日志中能够触动大家灵魂的故事筛选出来，经过刘全清老师的精心修改，最终汇聚成本书，呈现在读者面前。

当然，由于篇幅限制，有很多感人的场景和故事无法一一呈现在此，由于写作水平有限，错误之处在所难免，敬请读者朋友们批评指正。

如今，科技小院已经走过五个年头，在这五年里，伴随着师生们的努力和坚持，科技小院酝酿了一个又一个奇迹，相信在未来，科技小院会创造更多的奇迹，衷心祝福科技小院，祝福中国农业大学明天更美好！